Corrigendum

Klaus Fittschen

Halbierte Köpfe?

Trierer Winckelmannsprogramme 28

ISBN 978-3-447-11251-2
Harrassowitz Verlag · Wiesbaden

Tafel 8.2: Durch ein redaktionelles Versehen wurde statt der linken Hälfte eines Neroporträts das „Porträtbildnis eines Unbekannten“ von Tafel 15.2 wiederholt. Der Irrtum wurde hier korrrigiert.

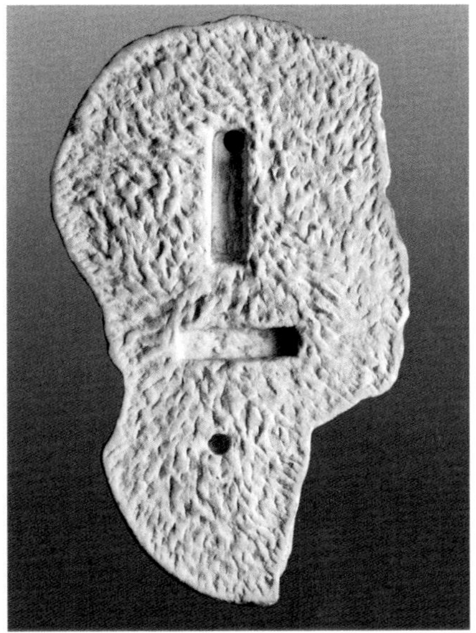

1

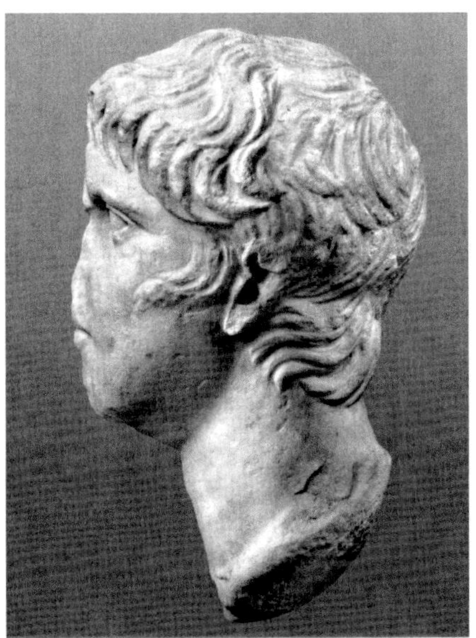

2

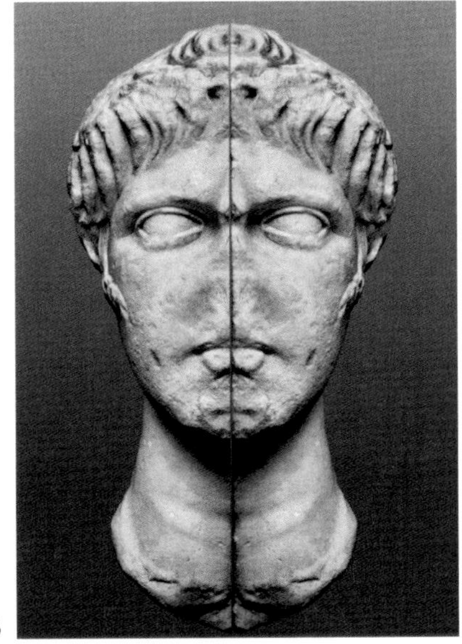

3

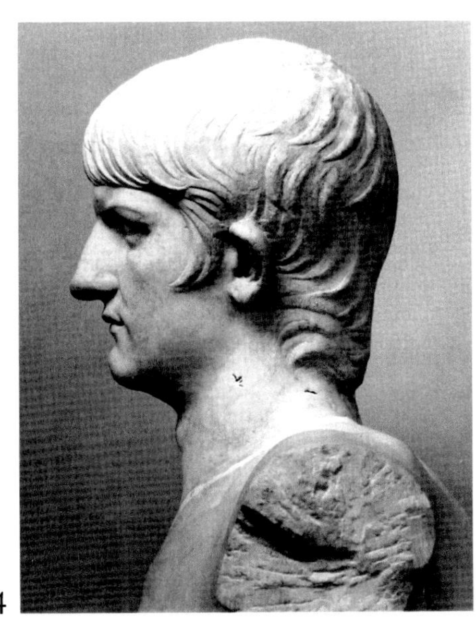

4

1–2 Linke Hälfte eines Bildnisses des Nero, Stuttgart, Städtisches Lapidarium Inv. A 46 (vgl. Anm. 51). – 3 Dasselbe, mit Photomontage vervollständigt. – 4 Bildnis des Nero, Cagliari, Museo Inv. 35533 (vgl. Anm. 53)

TRIERER WINCKELMANNSPROGRAMME

TRIERER WINCKELMANNSPROGRAMME

BEGRÜNDET VON GÜNTER GRIMM
FORTGEFÜHRT VON
TORSTEN MATTERN UND MARKUS TRUNK

HEFT 28
2017

INSTITUT FÜR KLASSISCHE ARCHÄOLOGIE DER UNIVERSITÄT ZU TRIER

KLAUS FITTSCHEN

Halbierte Köpfe?

HARRASSOWITZ VERLAG · WIESBADEN

Die Bände 1–21 sind im Verlag Philipp von Zabern erschienen

Bibliografische Information der Deutschen Nationalbibliothek
Die Deutsche Nationalbibliothek verzeichnet diese Publikation in der Deutschen Nationalbibliografie; detaillierte bibliografische Daten sind im Internet über <*http://dnb.d-nb.de*> abrufbar.

Gedruckt auf alterungsbeständigem Papier.
Satz und Layout: Susanne Nakaten, Trier
Druck und Verarbeitung: druckhaus köthen GmbH & Co. KG
Printed in Germany

ISBN 978-3-447-11251-2

Vorwort der Herausgeber

Das Trierer Winckelmannsprogramm enthält die schriftliche Fassung des jährlichen Festvortrages, mit dem im Fach Klassische Archäologie an der Universität Trier alljährlich der Geburtstag Johann Joachim Winckelmanns, des Begründers der Klassischen Archäologie als wissenschaftliche Disziplin, gefeiert wird. Die Reihe wurde 1979 von Günter Grimm begründet.

Wie kaum eine andere Denkmälergattung prägen Porträts unser Bild von der römischen Kunst. Einer derjenigen Wissenschaftler, die unser Verständnis der antiken Porträtplastik ganz wesentlich bestimmt und ausgebaut haben, ist der Autor des vorliegenden Winckelmannsprogramms, Klaus Fittschen. Er beschäftigt sich in dieser Studie mit einer besonderen Gruppe von Porträts, den in Profil dargestellten, halben Köpfen, und er untersucht, ob es sich um nachträgliche Halbierungen oder um antike Originale handelt. Wir danken dem Harrassowitz Verlag, der die verlegerische Betreuung der Reihe übernommen hat, namentlich Frau Dr. Barbara Krauß.

Die Trierer Winckelmannsprogramme schmückt das Universitätssiegel der Alma Mater Treverensis aus dem 15. Jahrhundert mit der Legende:

TREVERIS EX URBE DEVS COMPLET DONA SOPHIE
„In der Stadt Trier führt Gott die Gaben der Weisheit zur Vollendung"

In der Mitte ist wahrscheinlich der Apostel Matthias dargestellt, umgeben von den Bischöfen Ambrosius und Augustinus sowie den Wappen der Stadt Trier (St. Peter) und des Trierer Erzstiftes (Trierer Kreuz).

Torsten Mattern *Markus Trunk*

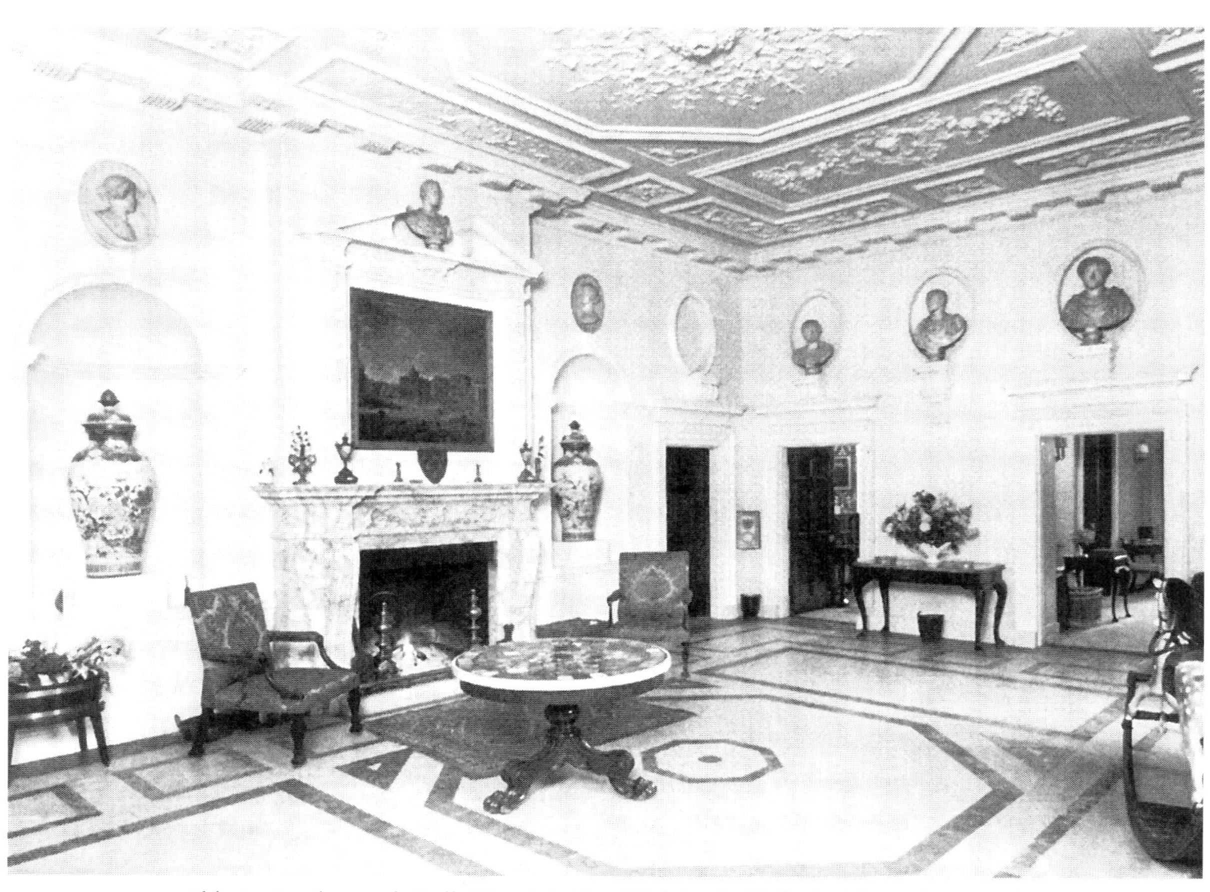

Abb. 1 Farnborough Hall, Warwickshire. Blick in die Halle des Herrenhauses mit neuzeitlich zu Reliefmedaillons umgearbeiteten antiken Porträts (vgl. Anm. 3)

Franz Studniczka (1860–1929)
zum Gedächtnis

Halbierte Köpfe?*

Im Jahre 2009 hat Dagmar Grassinger unter dem provozierenden Titel „Zersägte Köpfe“[1] eine ungewöhnliche Denkmälergruppe behandelt. Da sie aber nicht alle einschlägigen Bildwerke berücksichtigt und die ältere Forschung nicht beachtet hat, scheint mir eine erneute Behandlung gerechtfertigt. Ich habe hinter den ähnlich lautenden Titel meines Textes jedoch ein Fragezeichen gesetzt. Der Leser wird bald verstehen, warum.

In Farnborough Hall, nördlich von Oxford, befindet sich eine Sammlung antiker Skulpturen, die von Andreas Scholl 1995 erstmals bekannt gemacht worden ist[2]. Neben den antiken Büsten in der Halle dieses Herrenhauses gibt es dort auch einige Reliefköpfe, die in ovalen Rahmungen in die Wände eingelassen sind (Abb. 1)[3]. Scholl hat erkannt, daß auch diese Reliefköpfe antik sind[4]. Ihre Reliefform haben sie aber erst in der Neuzeit durch eine ziemlich barbarische Methode erhalten: Man hat im 18. Jh. vollständig erhaltene rundplastische Bildnisse einfach halbiert und auf diese Weise zwei Profilansichten gewonnen. Klar erkennbar ist das Verfahren an den beiden Seitenansichten einer Frau aus antoninischer Zeit (Taf. 1, 1–2)[5]. Noch eindeutiger ist der Fall eines Knabenbildnisses aus etwa derselben Zeit, von dem sich in Farnborough allerdings nur das linke Profil befindet (Taf. 1, 4)[6]. Die andere Hälfte, das rechte Profil, konnte in einem Medaillonbildnis erkannt werden, das nach Stockholm gelangt ist (Taf. 1, 3)[7].

In Farnborough Hall gibt es auch ein Profilbildnis des Kaisers Lucius Verus (Taf. 2, 3)[8]; die andere Hälfte ist bisher nicht nachweisbar. Es

* Der Text entspricht weitgehend dem Wortlaut des Vortrages, den ich zuerst in Göttingen, danach in Berlin, Wien, Bochum, Trier und Münster gehalten habe; hinzugekommen sind nur die Anmerkungen. Thomas Schäfer hatte den Göttinger Vortrag gehört und mich seitdem mit weiteren einschlägigen Denkmälern bekanntgemacht, wofür ich ihm auch hier herzlich danke. Zu danken habe ich ferner für Hinweise und Abbildungsvorlagen Jutta Stroszeck (Athen), Hans Rupprecht Goette, Johannes Laurentius und Agnes Schwarzmaier (Berlin), Cécile Evers (Brüssel), Stephan Schröder (Madrid), Daniel Roger (Paris) sowie Manuela Laubenberger (Wien); die elektronischen Druckvorlagen haben Stephan Eckardt (Göttingen), S. Nakaten (Trier) sowie Ursula Zehm (Wolfenbüttel) erstellt. Schließlich danke ich Susanne Nakaten für die gewissenhafte redaktionelle Betreuung.

1 D. Grassinger, Zersägte Köpfe. Die Transformation antiker Porträts zu monumentalen Gemmenbildern im 18. Jahrhundert, Opuscula 2, 2009, 181–191.

2 A. Scholl, Die antiken Skulpturen in Farnborough Hall sowie in Althorp House, Blenheim Palace, Lyme Park und Penrice Castle, MAR 23 (Mainz 1995).

3 Vgl. I. Hiller, in: Scholl, Farnborough Hall 34 f. Abb. 5–6; Grassinger, Köpfe 185 f. Abb. 8–9.

4 Scholl, Farnborough Hall 67.

5 Scholl, Farnborough Hall 66 f. F 24–25 Taf. 50, 4; 51, 1–4; Grassinger, Köpfe 183 f. Abb. 5–6.

6 Scholl, Farnborough Hall 57 F 16 Taf. 37; Grassinger, Köpfe 182 f. Abb. 3–4.

7 Stockholm, Nationalmuseum, Inv. NMSk 79: Grassinger, Köpfe 181 f. Anm. 3 Abb. 1–2 (danach hier Taf. 1, 3). Die Zugehörigkeit zum Profilbildnis in Farnborough Hall hatte bereits A. Scholl erkannt (aber versehentlich Oslo statt Stockholm angegeben).

8 Scholl, Farnborough Hall 52 f. F 13 Taf. 35. Interessanterweise ist die ergänzte Büste mit einer Büstenstütze versehen, als handele es sich um die Seitenansicht einer wirklichen Büste; vgl. dagegen Anm. 79 zum Profilbildnis Barracco (Taf. 16, 1–2).

wäre also denkbar, daß nicht ein ursprünglich vollständig erhaltener Kopf zersägt worden ist, sondern daß nur ein auf einer Seite stark beschädigtes Bildnis für das neue Medaillonbildnis hergerichtet werden mußte. Solche Fälle hat es natürlich gegeben; es sei nur an das Bildnis des Lucius Verus in New York erinnert, das lange Zeit für einen Reliefkopf gehalten wurde, weil es stets nur von der besser erhaltenen Seite aufgenommen wurde (Taf. 2, 4)[9]. Wie im Folgenden noch dargelegt wird, kann ohne Kenntnis der Innenseite aber auch nicht ausgeschlossen werden, daß das Profilbildnis des Lucius Verus in Newby Hall einem antiken Zustand entspricht. Diese Möglichkeit muß auch bei Profilbildnissen in anderen Sammlungen des 18. Jhs. bedacht werden, auch wenn in der jüngeren Forschung eine Halbierung in nachantiker Zeit als sicher gilt. Ich erwähne das Medaillonbildnis eines Mannes aus frühseverischer Zeit in der Villa Albani[10], dessen Einfügung in ein ovales Rund von Cavaceppi herrührt[11]. Auch von Bildnissen alter Griechen gibt es Kopien in Profilform, z. B. des Demosthenes in den Uffizien[12] oder des Karneades in Holkham Hall[13].

Profilbildnisse in Gestalt halber Köpfe hat man nämlich auch schon in der Antike hergestellt[14]. Bevor ich auf die Beispiele eingehe, schiebe ich einen kurzen Exkurs ein.

Manche Forscher sind der Meinung, daß wirkliche Profilbildnisse, d. h. Bildnisse, die wie Reliefs mit dem Grund fest verbunden sind, in der Antike so selten seien, daß man sie als eigene Gruppe vernachlässigen könne oder sogar unter Fälschungsverdacht stellen müsse[15]. Ich glaube nicht, daß diese Ansicht haltbar ist.

Auffallend häufig kommen Profilbildnisse an den *sellae curules* der frühen Kaiserzeit vor, die Thomas Schäfer zusammengestellt hat[16]. Diese Köpfe von Frauen und Männern, die von Schäfer als die Bildnisse von Vorfahren der jeweiligen Amtsträger gedeutet werden, entsprechen in ihrer verkürzten Form den Münzbildnissen; zeitgenössische Büstenformen werden nicht dargestellt.

9 New York, Met. Mus., Inv. 13.227.1, aus dem Besitz Paul Hartwigs in Rom; zur fälschlich angenommenen Zugehörigkeit des Kopffragments zu einem Relief vgl. Fittschen, Bildnis Thermen-Museum 252 Anm. 139 Abb. 53; vgl. auch hier Anm. 41; der Fall dürfte inzwischen entschieden sein, nachdem nun endlich eine Abbildung der Vorderansicht vorgelegt worden ist, vgl. C. Picon et al. (Hrsg.), Art of the Classical World in the Metropolitan Museum of Art (New Haven 2007) Abb. 450; vgl. jetzt auch P. Zanker, Roman Portraits. Sculptures in Stone and Bronze in the Collection of the Metropolitan Museum of Art (New Haven 2016) 84 f. Nr. 26 mit Abb. – Wie heikel es sein kann, Bildnisse, von denen nur ein Profil erhalten ist, als Reliefbildnisse zu deuten, zeigt der Fall eines Porträts der Livia: K. Goethert-Polaschek hatte vor Jahren ein Kopffragment in Luxemburg durchaus einleuchtenderweise als Reliefbildnis gedeutet (Ein Reliefkopf in Luxemburg, TrZ 38, 1975, 109–112 Abb. 1–2); der glückliche Neufund eines anpassenden Fragments in Trier beweist nun, daß es sich um ein rundplastisches Bildnis der Kaiserin handelt (J. Krier, Livia Augusta in Trier, FuAusgr Trier 46, 2014, 24–36 Abb. 2–6). Den Hinweis auf diesen Fund verdanke ich Karin Goethert.

10 Vgl. G. Lahusen, in: Bol, Villa Albani II 271 f. Nr. 228 Taf. 192.

11 Vgl. Grassinger, Köpfe 184 Abb. 7 (nach B. Cavaceppi, Raccolta d'antiche statue, busti [...] etc. [Rom 1768] Taf. 55: zersägt und zu einem Medaillonbildnis umgearbeitet).

12 Vgl. Richter, Portraits II 218 Nr. 18 Abb. 1433. – Ob mehr erhalten ist als die rechte Kopfhälfte (so Richter nach Mansuelli gegen Michaelis), läßt sich nach der bisher zugänglichen Abbildung nicht beurteilen. Also vielleicht gar kein halber Kopf?

13 Vgl. Richter, Portraits II 249 Nr. 2 Abb. 1657; E. Angelicoussis, The Holkham Collection of Classical Sculpture, MAR 30 (Mainz 2001) 121–123 Nr. 25 Taf. 48–49. 51, 3–4. Die Ergänzungen bilden mit dem Reliefgrund eine Einheit, in die das antike Profilfragment eingefügt ist (dazu vgl. hier Anm. 66 und Anm. 69); die neuen Teile stammen von Cavaceppi.

14 Dagegen Bergmann, Gnomon 53, 181 zu Nr. 43: „Wahrscheinlich hat es also die eigenartige Gattung von Profilbildnissen im Relief, die plastisch nicht als Reliefs angelegt sind, in der Antike nicht gegeben, sondern es handelt sich in allen bezeugten Fällen um nachträglich zurechtgeschnittene rundplastische Köpfe“. Es ist diese These, die im Folgenden einer Überprüfung unterzogen werden soll.

15 Vgl. Grassinger, Köpfe 181: Profilbildnisse „eine Denkmälergattung, die in der Antike selbst so gut wie gar nicht verbreitet war“.

16 Th. Schäfer, Imperii insignia. Sella curulis und Fasces (RM Ergh. 29, 1989) 167–175 mit Abb. – Vgl. auch die beiden Profilköpfchen auf den Aphlasta in den Schmuckfriesen von der Porticus Octaviae: I. Romeo, Ingenuus leo. L'immagine di Agrippa (Rom 1998) 119–121 Abb. 177. 179 (als Agrippa und Octavian gedeutet). Zu den Reliefbildnissen eines Ehepaares auf einem Grabdenkmal dieser Zeit s. Anm. 24.

Das gilt auch für den Tondo mit dem Profilbildnis des Aischines in St. Petersburg[17], der wegen seiner fast vollständigen Erhaltung manchen als verdächtig erscheint[18].

Von dem Profilbildnis des Sophokles im Farnese-Typus im Museo Capitolino[19] ist vom tragenden Reliefgrund unter dem Kinn noch soviel erhalten, daß klar ist, daß es sich um einen wirklichen Reliefkopf handelt (und nicht etwa um einen neuzeitlich halbierten, wie das ovale moderne Medaillon, in die das Fragment eingelassen ist, nahelegen könnte)[20].

Das trifft auch für die Profilbildnisse zweier Frauen antoninischer Zeit im Vatikan zu (Taf. 2, 1–2)[21]. Daß es sich trotz der Ähnlichkeit um zwei verschiedene Frauen handelt, ist am unterschiedlichen Haarschmuck zu erkennen. Die Ergänzung der beiden Fragmente zu runden Medaillons entspricht dem Geschmack des 18. Jhs. Es ist nicht bekannt, wie die Büstenabschnitte in der Antike ausgesehen haben. Auf den ersten Blick könnte man meinen, hier läge derselbe Fall vor wie bei dem eingangs gezeigten Frauenbildnis in Farnborough Hall (Taf. 1, 1–2). Das ist aber nicht der Fall, es handelt sich um wirkliche Reliefköpfe.

Hierher gehört ferner das Profilbildnis des Antinoos in der Mondsichel innerhalb einer marmornen Kassettendecke im Vatikan[22].

Auf vier Reliefplatten, die zu einem Grabbau der Familie der Caltilii aus Ostia gehören[23], sind die Profilbildnisse mit Büsten trajanischer Zeit verbunden, die im Gegensatz zu den Köpfen in die Vorderansicht geklappt sind. Offenbar wollte man einerseits die Zuwendung der Familienangehörigen zueinander zeigen, andererseits aber auf die Wiedergabe repräsentativer Büsten nicht verzichten.

Das überzeugendste Beispiel für die Existenz wirklicher Reliefbildnisse ist das vollständig erhaltene Relief mit den Bildnissen eines Ehepaares in Leptis Magna[24], das aus trajanisch-frühhadrianischer

17 Vgl. Richter, Portraits II 214 Nr. 2 Abb. 1376; schon von Studniczka, ABr 1001 S. 2 erwähnt. Der Tondo ist im Hafen von Bajae gefunden worden.

18 Vgl. Grassinger, Köpfe 181 Anm. 2 („Bisher nicht als neuzeitlich verdächtigt und vielleicht antik“).

19 Vgl. Richter, Portraits I 126 Nr. 7 Anm. 2.

20 Vgl. Grassinger, Köpfe 187 Anm. 21 spricht von „Reliefkopf“, meint aber im Kontext einen zersägten Kopf. Der Befund ist allerdings schon bei H. Stuart Jones, The Sculptures of the Museo Capitolino (Oxford 1912) 228 Nr. 22 und Richter a. O. unzutreffend dargestellt worden. Auf dem erhaltenen Stück des Reliefgrundes ist die neuzeitliche Inschrift ΔΙΟΜΗΔ[angebracht. Das Reliefbildnis befand sich in der 2. Hälfte des 16. Jhs. bei den Brüdern Stamparo und ist im Ciacconius-Album Pesaro fol. 204 sehr genau wiedergegeben; es war damals noch nicht in ein Oval gefaßt.

21 Das eine Reliefbildnis befindet sich in der Galleria delle Statue, Inv. 570 (Amelung, Vat. Kat. II 607 Nr. 400 a Taf. 52; G. Spinola, Il Museo Pio Clementino II [Rom 1999] 31 f. Nr. 32 Abb. 4); das andere in der Sala a Croce Greca 40, Inv. 231 (G. Lippold, Die Skulpturen des Vaticanischen Museums III 1 [Berlin 1939] 186 Nr. 582 a Taf. 65; Spinola a. O. I [Rom 1996] 290 Nr. 40).

22 Museo Chiaramonti LIV 2, Inv. 2090: Amelung, Vat. Kat. I 338 f. Nr. 42 Taf. 36; M. Bergmann, Reliefbildnis 201 Anm. 10 zu Nr. 61 (eines der wenigen „verbleibenden Beispiele“ für echte Profilköpfe); Meyer, Antinoos 85 f. Nr. I 64 Taf. 74, 5–6; B. Andreae (Hrsg.), Bildkatalog der Skulpturen des Vatikanischen Museums I 3 (Berlin 1995) Taf. 1106.

23 Erhalten sind zwei Platten im Vatikan, Museo Gregoriano Profano (Inv. 10677 und 10678), eine in Ostia, Museum (Inv. 15.920 und 9380) und eine in Rom, Palazzo Mattei di Giove: R. Calza, I ritratti I (Scavi di Ostia V, Rom 1964) 53 Nr. 76–77 Taf. 45; dies., I ritratti II (Scavi di Ostia IX, Rom 1978) 84 Nr. 111 Taf. 73; F. Sinn, Vatikanische Museen. Museo Gregoriano profano ex Lateranense. Katalog der Skulpturen I, Die Grabdenkmäler 1: Reliefs, Altäre, Urnen (Mainz 1991) 34 Nr. 12 Abb. 33–34 mit weiterer Lit. und Rekonstruktion der Verwandtschaftsverhältnisse der Dargestellten. – Daß das ikonographische Schema in Ostia beliebt war, zeigt ein weiteres Fragment von einem anderen Grabbau: vgl. Calza a. O. I (Ostia V) 52 f. Nr. 75 Taf. 44. – Demselben Schema folgt die Reliefbüste (des Caracalla?) auf der nackten Büste eines Unbekannten im Antiquario Comunale in Rom: Fittschen – Zanker, Katalog IV 34 f. Nr. 32 a Taf. 49.

24 Leptis Magna, Museum, Inv. 223: R. Bianchi Bandinelli – E. Vergara Caffarelli – G. Caputo, Leptis Magna (Verona 1964) 89 mit Abb.; L. Musso, Nuovi ritrovamenti di scultura a Leptis Magna, in: Studi di antichità in memoria di Sandro Stucchi II (Rom 1996) 116; K. Fittschen, Lesefrüchte V, Boreas 36, 2013, 154 Anm. 45 Taf. 31, 16; L. Buccino, Ritratti di Leptis Magna, Libyan Studies 45, 2014, 26 f. Anm. 51–52 Abb. 13. – Profilbildnisse dieser Art sind mehrfach für die Darstellung von Ehepaaren verwendet worden, um deren Verbundenheit sichtbar

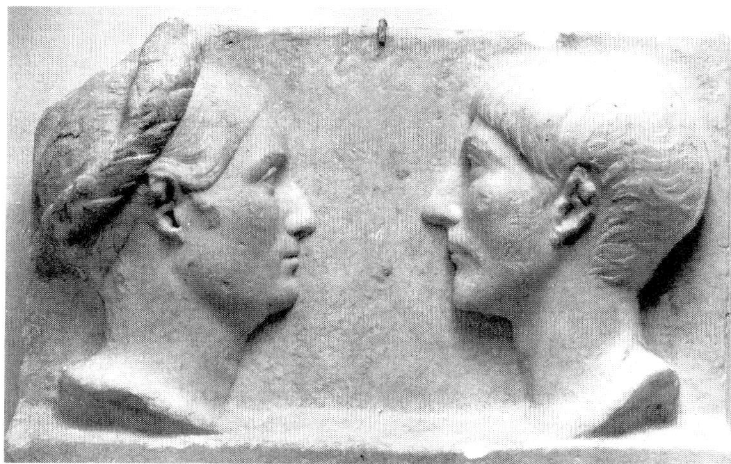

Abb. 2 Reliefporträts eines Ehepaares. Leptis Magna, Museum, Inv. 223 (vgl. Anm. 24)

Zeit stammt (Abb. 2). Auch hier entsprechen die Büstenabschnitte nicht der Form zeitgenössischer Büsten, sondern zeigen dieselbe Abbreviatur wie die Bildnisse auf Münzen und in der Glyptik.

Dasselbe Phänomen zeigt auch das sogenannte Persius-Relief in der Villa Albani (Taf. 4, 1–2)[25], das zuletzt von Marianne Bergman für eine raffinierte Fälschung erklärt worden ist[26]. Es ist seit spätestens 1547 bekannt[27]. Wegen der erstaunlichen Ähnlichkeit mit Bildnissen Hadrians im Typus Δo (Taf. 3, 1)[28] müßte der Fälscher des nur etwa 11 cm hohen Kopfes eine antike Replik dieses Bildnistypus vor Augen gehabt haben. Solche müssen im frühen 16. Jh. durchaus schon bekannt gewesen sein, wie eine dem Tullio Lombardi (1455–1532) zugeschriebene Bronzekopie in München

zu machen: vgl. ein Grabrelief augusteischer Zeit in Rom, Mus. Naz. Rom., Inv. 41 (V. Kockel, Porträtreliefs stadtrömischer Grabbauten [Mainz 1993] 220f. O 26 Taf. 131 d) oder einen Sarkophag aus dem frühen 3. Jh. n. Chr. aus Aphrodisias in Geyre, Museum, Inv. S 3 (R. R. R. Smith [Hrsg.], Roman Portrait Sculpture from Aphrodisias, Aphrodisias II [Mainz 2006] 307 Sarc. 10 Taf. 159). – Angesichts dieser Beispiele erscheint das Relief mit den Büsten eines jungen Ehepaares mit Haartrachten der Jahre 140–150 n. Chr. im Kunsthandel, ehemals Wilton House, aus der Sammlung des Kardinals Mazarin, in einem anderen Licht: vgl. A. Michaelis, Ancient Marbles in Great Britain (Cambridge 1882) 675 Nr. 11 b („to all appearance modern“); Zibaldone delle arti, Antichità viva 3/3, 1964, 77 mit Abb.; A. Luchs, Tullio Lombardo and Ideal Portrait Sculpture in Renaissance Venice 1490–1530 (Cambridge 1995) 86 mit Anm. 26 Abb. 137 (von Simone Bianco?); das Relief dürfte, auch nach seinem Erhaltungszustand zu schließen, antik sein; zur offenbar unausrottbaren Marotte voreiliger Verdächtigungen vgl. auch die in Anm. 25, 26, 38, 67, 77 und 90 angeführten Beispiele.

25 Inv. 960: vgl. Bergmann, Reliefbildnis Nr. 61 Taf. 111–113 mit der älteren Lit.

26 Dieser Meinung haben sich u. a. angeschlossen: C. Gasparri, „Imagines virorum illustrium“ e gemme Orsini, in: C. Gasparri (Hrsg.), Le gemme Farnese (Neapel 1994) 86 Anm. 21 mit Abb. 107; B. Cacciotti, in: B. Palma Venetucci (Hrsg.), Pirro Ligorio e le erme di Roma II (Rom 1998) 275 zu Abb. 280; H. Borbein et al. (Hrsg.), Johann Joachim Winckelmann. Schriften und Nachlaß IV 2. Katalog der Denkmäler (Mainz 2006) 397 Nr. 925 mit Abb. (mit dem durch das Relief Leptis Magna widerlegten Argument, der Büstenabschnitt entspreche nicht den hadrianischen Büstenformaten); Evers, Divine Youth 96 Anm. 22. – Vgl. dagegen das Urteil von G. Lippold im Text zu EA 4660: „Sicher antik, wenn auch ohne genaue Parallele. Sehr feine Arbeit“.

27 Das Fragment befand sich zunächst im Besitz des Kardinals Giacomo Spadoleto, gehörte danach zuerst Pirro Ligorio, dann Fulvio Orsini, der es zuerst abgebildet hat: F. Ursinus, Imagines (Rom 1570) 46, vgl. Palma Venetucci a. O. (Anm. 26) 25 Abb. 22; Gasparri a. O. (Anm. 26) 86 Abb. 107 (danach hier Taf. 4, 1). Bei Orsini hat es der spanische Prälat Ciacconius gezeichnet, vgl. Cacciotti a. O. 275 Abb. 279 (dort auch zur Sammlungs- und Rezeptionsgeschichte).

28 Hier abgebildet die Replik in Madrid, Prado Inv. 176-E. – Zum Bildnistypus Δo des Hadrian vgl. J. Bracker, Ein Trauerbildnis Hadrians aus Köln, in: AntPl 8, 1968, 80f. Anm. 52 Abb. 11–13; F. Albert-

belegt[29]. Aber was hätte einen Fälscher veranlassen können, den ihm ja noch Unbekannten mit einem Efeukranz zu schmücken? Noch dazu einem der komplizierten Art mit umeinander gewundenen Zweigen und Korymben an der richtigen Stelle[30]? Und wie wären die Bestoßungen und Verscheuerungen der Oberfläche der Haare zu erklären? Welcher italienische Bildhauer der 1. Hälfte des 16. Jhs. könnte für diese Arbeit in Betracht kommen? Namensvorschläge sind, wie fast stets in ähnlichen Fällen, bisher nicht gemacht worden. Wenn Hadrian mit dem griechischen Pinienkranz dargestellt werden konnte (London, aus Kyrene)[31], warum nicht auch mit einem griechischen Efeukranz[32]?

Der Mann ist schräg von hinten wiedergegeben, eine Darstellungsform, die auf Münzen seit dem Hellenismus gern verwendet wurde; auch römische Kaiser sind so – meist im Paludamentum – dargestellt worden[33]. Marianne Bergmann nimmt nun an, daß der Renaissance-Bildhauer solche Münzen zum Vorbild gewählt, aber falsch verstanden habe[34]. Dieses Argument überzeugt aber nicht: Es ist nämlich auf dem Albani-Relief gar kein Paludamentum dargestellt, eine Fibel fehlt. Es handelt sich vielmehr um den griechischen Mantel, der so um die Schultern gelegt ist, daß die rechte Schulter nackt bleibt. Diese selten dargestellte Manteldrapierung zeigt z. B. eine Büste hadrianischer Zeit in London (Taf. 3, 3)[35], die aus einer griechischen Werkstatt hervorgegangen ist[36]. Woher hätte ein Renaissance-Fälscher diese Kenntnis haben sollen?

Auch ein anderes, noch viel berühmteres Relief in der Villa Albani ist als neuzeitlich verdächtigt worden: ich meine das nur fragmentarisch erhaltene Relief mit dem Profilbildnis des Antinoos (Taf. 4, 4)[37]. Es ist 1735 in der Villa Hadriana gefunden und alsbald von Bartolomeo Cavaceppi (1716–1799) ergänzt und vom Kardinal Albani erworben worden. Jüngst (2010) ist es von Christiane Vorster für falsch erklärt worden, und zwar wegen des „mirakulösen Erhaltungszustand[es]"[38] und wegen angeblicher Unstimmigkeiten des Gewandes.

son, A Portrait of Hadrian as Diomedes, Muse 27/28, 1993/94, 11–28 Abb. 1–4. 7–8; St. Schröder, Katalog der antiken Skulpturen des Museo del Prado in Madrid I. Die Porträts (Mainz 1993) 204–207 Nr. 54 mit Abb.; M. Bergmann, Zu den Porträts des Trajan und Hadrian, in: Actas de las jornadas del 2200 aniversario de la Fundación de Italica, Sevilla 8.–11. nov. 1994 (Sevilla 1997) 143–146 Abb. 7–10.

29 Bayerisches Nationalmuseum Inv. 11/102: vgl. Luchs a. O. (Anm. 24) 108 f. 176 f. Anm. 22–27 Abb. 193 mit der älteren Lit.; die Frage nach dem antiken Vorbild ist ungeklärt. Es gibt weitere nachantike Bronzekopien, z. B. in St. Petersburg, Ermitage Inv. NSK 310, oder in Neapel, Palazzo Reale Inv. MNN 5585, für die dasselbe gilt: vgl. Adriano, Architettura e Progetto, Kat. Ausst. Tivoli 2000, Nr. 91 mit Abb. (S. Androsow); F. Coraggio, Sui bronzi della Collezione Farnese, RIA 54, 1999, 51–59 Abb. 19–21.

30 Zu dieser Spielart des Efeukranzes vgl. Fittschen – Zanker, Katalog IV 37 Anm. 3 d zu Nr. 34 Beil. 9 a–d; ebenda weitere Beispiele einfacherer Form.

31 Dazu vgl. K. Fittschen, Lesefrüchte VI, Boreas 37/38, 2014/2015, 217–224 Taf. 22, 1. 3 mit weiterer Lit.

32 Das Relieffragment in der Villa Albani ist noch immer ein Unicum. Ungeklärt ist die ehemalige Funktion (das schließt auch die Frage ein, an welche Funktion ein Fälscher gedacht haben könnte). Die Rahmung findet sich ähnlich in der Wandmalerei 3. Stils (vgl. hier Anm. 85 mit Abb. 3) und läßt deshalb an eine Wandvertäfelung denken. Das fast miniaturhafte Format spricht für eine private, jedenfalls nicht-repräsentative Verwendung. Das läßt auch die Bekränzung in einem weniger offiziellen, geradezu intimen Licht erscheinen. Warum sollte nicht tatsächlich Hadrian als Dichter gemeint sein?

33 Vgl. z. B. Münzbildnisse Hadrians: A. Pangerl (Hrsg.), Porträts. 500 Jahre römische Münzbildnisse (München 2017) 85 f. Abb. 207. 212 (hier Taf. 3, 2).

34 Bergmann, Reliefbildnis 200.

35 British Museum Inv. 1949: H. Jucker, Bildnisbüste einer Vestalin, RM 68, 1961, 105 Nr. 14 Taf. 35, 2; 36, 3; 37, 2.

36 Die Büste weist die attische Form der Büstenstütze auf; dazu vgl. K. Fittschen, Eine Werkstatt attischer Porträtbildhauer im 2. Jh. n. Chr., in: Ch. Reusser (Hrsg.), Griechenland in der Kaiserzeit (HASB 4. Beih. = Festschrift D. Willers, Bern 2001) 71–77; Th. Stefanidou-Tiveriou, Die griechischen Büsten des Antinoos, AM 129/130, 2014/2015, 197–216, bes. 202 f. mit Abb. 1 c. 3 b. 6 a–b. 7.

37 Inv. 994: H. Meyer, Relief des Antinoos als Genius des Frühlings, in: Bol, Villa Albani I 336–342 Taf. 188–190; ders., Antinoos 76–78 Nr. I 55 Taf. 65 jeweils mit der älteren Lit.; danach vor allem Evers, Divine Youth 92 Anm. 46–56 Abb. 12.

38 Vgl. Ch. Vorster, Statuenergänzung und Statuendeutung, in: D. Boschung – E. Kleinschmidt (Hrsg.), Lesbarkeiten. Antikenrezeption zwischen Barock und Aufklärung (Würzburg 2010) 162–164 Abb. 12–13. – Ein besonders guter Erhaltungszustand hat schon oft zu Argwohn verführt, sehr zu Unrecht,

Sie denkt an Cavaceppi als Fälscher. Der war damals (1735) gerade 18 Jahre alt, wie sollte er sich schon in diesem Alter eine so perfekte Beherrschung hadrianischen Stils angeeignet haben? Vorster hat übersehen, daß es einen Kupferstich gibt, der das Relief im unergänzten Zustand zeigt und im Jahre 1736 publiziert worden ist (Taf. 4, 3)[39]. Der griechische Mantel ist an dem Relief wie an der Statue des Antinoos in Eleusis (Taf. 3, 4)[40] angelegt. Abweichend ist der Überschlag des Mantels über den Unterarm gezogen. Dafür gibt es in der Rundplastik zwar bisher keine Parallele, aber reicht das für einen Fälschungsvorwurf aus? Noch unklar ist, ob das ursprüngliche Relief nur die Büste des Antinoos umfaßte oder die ganze Figur; im letzteren Fall gehörte das Relief nicht in die Gruppe der hier behandelten Denkmäler.

Auf die beiden Reliefs in der Villa Albani wurde hier etwas ausführlicher eingegangen, um zu zeigen, wie die Forschung durch voreilige und leichtfertige Verdächtigungen dazu beiträgt, ganze Denkmälergattungen aus dem Überlieferungsbestand auszuschließen. Dieses kritikwürdige Vorgehen wird im Folgenden noch mehrfach zur Sprache kommen.

Unabhängig von der Frage, ob man das „Persius"-Relief und das Antinoos-Relief in der Villa Albani als antik gelten läßt, unbestreitbar ist, daß es in der Antike die Gattung „Reliefbildnisse" gegeben hat. Die angeführten Beispiele[41] lassen erkennen, daß die Reliefbildnisse in ihrer Reliefhöhe teilweise halben Köpfen entsprechen, teilweise aber auch flacher, also perspektivisch verkürzt sind.

Nach diesem Exkurs nun also zu den schon in der Antike hergestellten „halben" Köpfen. Einige sind bereits 1920 von Franz Studniczka zusammengestellt worden[42]. Es lassen sich zwei Gruppen unterscheiden. Die Köpfe der einen Gruppe haben eine Ausdehnung, die der eines halben rundplastischen Kopfes entspricht; sie könnten also tatsächlich durch die Halbierung eines ehemals vollständigen Kopfes hergestellt worden sein. Die Köpfe der zweiten Gruppe haben eine geringere Tiefe, können also nie zu rundplastischen Bildnissen gehört haben, sondern müssen von Anfang an als Flachbildnisse zur Befestigung auf einem glatten Hintergrund konzipiert worden sein. Zunächst zur ersten Gruppe.

In Wien wird die linke Hälfte des Bildniskopfes eines Knaben aufbewahrt, die in spätseverischer oder gallienischer Zeit entstanden ist (Taf. 5, 1–2)[43]. Sie wurde 1899 in Ephesos bei den Ausgrabungen im Hafengebiet gefunden, hat also einen antiken Zustand bewahrt. Die Kopfhälfte könnte tatsächlich aus einem ehemals vollständigen Kopf hergestellt worden sein. Denn wenn

wie viele Beispiele belegen können; vgl. dazu auch K. Fittschen, Der Commodus Malibu aus Castle Howard, demnächst in: AntPl.

39 Vgl. den Stich von Antonio Borioni, abgebildet in Ridolfino Venuti, Collectanea antiquitatum Romanorum (Rom 1736) Taf. 9. Dieser Stich ist zwar öfter erwähnt worden (vgl. z. B. Evers, Divine Youth 92 Anm. 50), aber in neuerer Zeit, soweit ich sehe, nur einmal abgebildet worden: F. Da La Maza, Antinoos. El último dios del mundo clasico (Mexiko 1966) 193–198 Abb. 10; jetzt aber auch R. R. R. Smith, Antinous. Boy made god, Kat. Ausst. Oxford 2018, 90 Nr. 7 mit Abb. Meyer, Antinoos 78 Anm. 334 schreibt zu Unrecht Winckelmann das Verdienst zu, das Relief als erster im noch unergänzten Zustand publiziert zu haben.

40 Eleusis, Museum Inv. 5012: Meyer, Antinoos 39–42 Nr. I 17 Taf. 16, 2–4. Der Vergleich mit dieser Statue schon bei Evers, Divine Youth 92 Anm. 55.

41 Die Liste ließe sich leicht verlängern. Erwähnt sei noch das rätselhafte, leider unvollständig erhaltene, kolossale, wohl hadrianische Flachrelief mit dem Bildnis eines bärtigen Mannes („Lucius Verus") in Chatsworth: D. Boschung – H. von Hesberg – A. Linfert, Die antiken Skulpturen in Chatsworth, MAR 26 (Mainz 1997) 79 f. Nr. 77 Taf. 66, 2 (D. Boschung); der Dargestellte konnte bisher nicht identifiziert werden; eine Beziehung zum angeblichen Lucius Verus-Relief in New York (s. Anm. 9 und Taf. 2, 4) besteht natürlich nicht. – Wenigstens erwähnt werden muß hier, daß es für Reliefköpfe auch Vorläufer in der griechischen Kunst gibt, vgl. z. B. den berühmten Tondo aus Melos mit dem Kopfbild einer Göttin in Athen, Nat. Mus. Inv. 3990 (N. Kaltsas, Sculpture in the National Archaeological Museum, Athens [Los Angeles 2002] 87 Nr. 151 mit Abb.) oder den Tondo mit dem Bildnis eines hellenistischen Königs in Hannover, Museum August Kestner Inv. 1866 (D. Salzmann, Ein Tondobildnis des Ptolemaios I. Soter, Boreas 19, 1996, 161–169 Taf. 15, 1–2).

42 Vgl. Studniczka, ABr 1001 S. 1–12 (erschienen 1920).

43 Wien, Kunsthistorisches Museum Inv. I 915: Studniczka, ABr 1001 S. 3; W. Oberleitner (Hrsg.), Funde aus Ephesos und Samothrake (Wien 1978) 120 Nr. 175 („Halbkopf, Hinterkopf in der Antike abgemeißelt"); J. Inan – E. Alföldi-Rosenbaum, Römische und frühbyzantinische Porträtplastik aus

man die erhaltene linke Hälfte mit einer durch Spiegelung gewonnenen rechten Hälfte vervollständigt, erhält man einen ganz normal proportionierten Kinderkopf (Taf. 6,2). Doch ist der Befund nicht eindeutig. Die Innenseite (Taf. 6,1) ist glatt, nicht ausgehöhlt[44], und auch ohne Anathyrosis und weist keine antike Vorrichtung zur Befestigung auf einem Hintergrund auf. (Die jetzt sichtbaren Verdübelungsreste seien alle neuzeitlich, teilte Manuela Laubenberger mit.) Der Hinterkopf war offenbar angestückt, vielleicht in Folge einer Beschädigung. Der Hals weist auf der Unterseite eine Verdickung auf, wie sie für Einsatzköpfe typisch ist. Vielleicht hat also der ursprüngliche Kopf zu einer Statue gehört. Genauso gut ist allerdings auch vorstellbar, daß er zum Einsetzen in eine Clipeusbüste gedacht war (dazu vgl. unten S. 10 f. Anm. 71). In diesem Fall könnte der halbe Kopf auch schon von Anfang an als Profilbildnis geplant gewesen sein.

Dieselbe Unsicherheit besteht auch bei dem unterlebensgroßen Profilbildnis eines Mannes wohl spätrepublikanischer Zeit in Berlin (Taf. 5,3–4)[45]. Auch in diesem Fall ergibt die Vervollständigung mit einer gespiegelten anderen Hälfte einen plausiblen runden Kopf (Taf. 6,4). Da der Fundort des Stückes nicht bekannt ist, kann nicht ausgeschlossen werden, daß es zu der eingangs behandelten Gruppe von Bildnissen gehört, die erst in der Neuzeit halbiert worden sind. Die Frage hängt von der Beurteilung der Innenseite ab (Taf. 6,3). Wenn die sichtbaren Inkrustationen echter Sinter sind, muß das Stück seine jetzige Form bereits in der Antike erhalten haben.

Das trifft vielleicht für das Bildnis einer Frau wohl aus dem 2. Jh. n. Chr. zu, das sich vor vielen Jahren im Züricher Kunsthandel befand (Taf. 7, 1–2)[46]. Von einem Bildnis des Tiberius in London[47] ist mehr als nur die eine (rechte) Hälfte erhalten, wie man am Nasenrücken und am Mund erkennen kann (Taf. 7,3). Wenn die Beobachtung von Cécile Evers, die das Stück untersuchen konnte und der ich die Aufnahmen verdanke, zutreffen, daß auf der Innenseite noch Sinter und Wurzelfasern zu erkennen sind, muß es sich um ein antikes Profilbildnis handeln. Die Innenseite (Taf. 7,5) weist eine Aushöhlung in unregelmäßiger Form auf. Es ist noch ungeklärt, ob sie zur Gewichtsminderung dienen sollte oder zur leichteren Befestigung auf einer glatten Fläche. Die Erwägung von Hans Rupprecht Goette, die Aushöhlung an derartigen halben Köpfen sei erfolgt, um darin die Asche des Toten zu bergen[48] – Bildnisse als Aschenbehältnisse hat es in der Antike tatsächlich gegeben[49] – ist im Falle des Tiberiusporträts doch wohl ausgeschlossen[50].

der Türkei. Neue Funde (Mainz 1979) 179 f. Nr. 140 Taf. 114, 1–2 (ursprünglich vielleicht Einsatzkopf für eine Statue); Bergmann, Gnomon 53, 181 zu Nr. 43; Evers, Divine Youth 91 Anm. 29–30. – Für Auskünfte und zusätzliche Aufnahmen danke ich Manuela Laubenberger.

44 Wie Goette, Portraits 127 Nr. 7 angibt.

45 Berlin, Staatliche Museen, Antikensammlung Sk 1804: C. Blümel, Römische Bildnisse (Berlin 1933) 3 R 6 Taf. 6 („Reliefhöhe und Modellierung entsprechen genau der eines durchgeschnittenen rundplastischen Kopfes"); Scholl, Bildnisse 167 Nr. 104 mit Abb. (S. Mägele: „sekundär als Porträtmedaillon umgearbeitet"). – Agnes Schwarzmaier danke ich für zusätzliche Aufnahmen und Ermöglichung einer Autopsie. Die Rückseite kann z. Z. nicht untersucht werden.

46 Angebotskatalog der Galerie Nefer in Zürich: Nefer 6, 1988, 22 Nr. 31 mit Abb.; für die Frisur, die zunächst an die augusteische Zeit denken läßt, kenne ich keine genaue Parallele; die vorhandene Augenmarkierung schließt eine Datierung vor die Zeit von ca. 130 n. Chr. aus; am antiken Ursprung des Stückes zu zweifeln, besteht m. E. kein Grund. – Für Photographien danke ich der Galerie Nefer.

47 London, British Museum Inv. 1889: D. Hertel, Die Bildnisse des Tiberius, Das römische Herrscherbild I 3 (Wiesbaden 2013) 167 Nr. 67 Taf. 72, 3–4 (mit der älteren Lit.). – Für Aufnahmen und Informationen danke ich Cécile Evers.

48 Vgl. Goette, Portraits 126–128; Goette stellt sich das so vor, daß rundplastische Köpfe zunächst zersägt, dann für die Asche ausgehöhlt und danach wieder zusammengesetzt worden seien. Bei den von Goette genannten Bildnissen a. O. 126 Nr. 1–4 ist aber nicht so verfahren worden, vgl. auch den Kopf in München, hier Anm. 49.

49 Sicher bezeugt ist das z. B. für ein Frauenporträt trajanischer Zeit in München, Glyptothek GL 342: Goette, Portraits 126 Nr. 3; abgebildet: Bernoulli, Röm. Ikon. II 2, 98 Taf. 33; R. West, Römische Porträtplastik II (München 1941) 95 Anm. 7 Taf. 28; S. Knauß – Ch. Gliwitzky (Hrsg.), Charakterköpfe, Kat. Ausst. München 2017, 370 f. Nr. 72 mit Abb. – Der Befund selbst kann weiterhin nicht als publiziert gelten.

50 Das gilt auch für ein Bildnis des Antinoos in Kopenhagen, NCG 686, Inv. 1191: Meyer, Antinoos 49 Nr. I 26 Taf. 29, 1–4; Evers, Divine Youth 92 Anm.

Die linke Profilseite eines Kopfes in Stuttgart (Taf. 8, 2)[51], auf die mich Thomas Schäfer aufmerksam gemacht hat[52], stellt offenbar den Kaiser Nero im 2. Bildnistypus dar, wie die Ähnlichkeit mit dem Bildnis in Cagliari (Taf. 8, 4)[53] nahelegt[54]. Eine durch Spiegelung hergestellte Vervollständigung (Taf. 8, 3) ergibt ein annehmbar proportioniertes Gesicht, aber die Innenseite (Taf. 8, 1) zeigt, daß das Stück nicht durch eine Halbierung in der Neuzeit entstanden sein kann, sondern schon in der Antike für die Befestigung auf einem glatten Hintergrund hergerichtet war: Es ist im Inneren gepickt und weist am Rande eine feine Anathyrosis auf; zwei rechteckige Eintiefungen dienten der sicheren Verankerung auf dem tragenden Untergrund[55]. Ob das Profilbild dagegen in der Antike durch die Halbierung eines ehemals vollplastischen Kopfes gewonnen worden ist oder schon von Anfang an als Profilbildnis geplant war, ist schwer zu entscheiden. Das Aussehen des rekonstruierten Bildnisses (Taf. 8, 3) spricht aber doch wohl eher für die letztere Annahme, wie auch das nächste Beispiel bestätigt.

Auf der Innenseite eines Profilkopfes frühseverischer Zeit in Budapest (Taf. 10, 1)[56] ist klar zu erkennen, daß die Aushöhlung von einer Art Anathyrosis umgeben ist, mit der das Profilbildnis auf dem zu postulierenden Hintergrund auflag. Wurzelfaser- und Sinterreste bezeugen, daß dieser Zustand bereits in der Antike entstanden ist.

Könnte es sich in diesem Fall um einen halbierten, ehemals rundplastischen Kopf gehandelt haben[57]? Die Vervollständigung um die andere Hälfte zeigt immerhin eine akzeptable Kopfproportion (Taf. 10, 2), die der der rundplastischen Replik in Boston[58] in etwa entspricht (Taf. 9, 3), aber die dabei zustandegekommene Form des Mundes macht die Annahme, daß wirklich so verfahren worden ist, doch ganz unwahrscheinlich.

Die linke Hälfte eines Bildnisses hadrianischer Zeit in Kopenhagen (Taf. 11, 1)[59] ergibt mit der durch Spiegelung gewonnenen rechten Hälfte

41–42 Abb. 8. 11. Oder sollte man sich vorstellen, daß ein Unbekannter für seine Asche ausgerechnet ein Bildnis des Antinoos gewählt habe?

51 Stuttgart, Städtisches Lapidarium Inv. A 46, aus der Sammlung Siegle-Ostertag. Nach den Angaben von Julia Krippner, die das Stück im Rahmen einer Seminararbeit in Tübingen bearbeitet hat, beträgt die erhaltene H des Kopfes 0,39 m, die H Kinn – Scheitel also ca. 0,26 m; das entspricht etwa der Größe der Repliken des Typus Cagliari des Nero.

52 Ihm verdanke ich auch die Neuaufnahmen und die Möglichkeit, sie hier abzubilden.

53 Cagliari, Museo Inv. 35533: H. Hiesinger, The Portraits of Nero, AJA 79, 1975, 115 Anm. 6 Taf. 21 Abb. 33–34; M. Bergmann – P. Zanker, ‚Damnatio memoriae'. Umgearbeitete Nero- und Domitiansporträts, JdI 96, 1981, 322 Nr. a Abb. 2 a–b; H. Born – K. Stemmer, Damnatio memoriae (Mainz 1996) 71 mit Abb. 20–21.

54 Zu dieser Identifizierung war auch bereits Julia Krippner gelangt (s. Anm. 51).

55 Seltsam ist, daß die Anathyrosis genau dem jetzigen Erhaltungszustand entspricht und den Vorsprung der jetzt fehlenden Nase nicht andeutet; vielleicht war an dieser zerbrechlichsten Stelle die Anathyrosis breiter und bezog die Nase mit ein. – Mangels vollständig erhaltener Parallelen läßt sich noch nicht sicher entscheiden, ob der untere Abschluß des Halses die endgültige (und sichtbare) Gestaltung darstellt, oder ob der Hals in eine Art Büste eingelassen war (zum Problem vgl. auch das zum Knabenbildnis Wien [Anm. 43 Taf. 5, 1–2; 6, 1–2] und zur Kleopatra Berlin [Anm. 71–72] Ausgeführte); vgl. auch Anm. 79.

56 Budapest, Museum der Schönen Künste Inv. 9813: Studniczka, ABr 1001 S. 3 Abb. 4; Fittschen, Bildnis Thermen-Museum 243 Nr. 18 Anm. 11 Abb. 39–40; 250 f. Anm. 133 Abb. 55–56; Bergmann, Gnomon 53, 181 zu Nr. 43; Goette, Portraits 126 Nr. 5.

57 Bergmann hat a. O. darauf hingewiesen, daß der „widersinnig" nach außen gewendete Blick des rechten Auges eher für die Halbierung eines ehemals ganzen Kopfes spreche als für ein intendiertes Profilbildnis. Doch ist dieser Blick leicht erklärbar, wenn das Budapester Bildnis nach dem gleichen Modell kopiert worden ist wie die Bostoner Replik. Schwieriger zu erklären ist, warum auch das kurze Halsstück ausgehöhlt worden ist; die Öffnung muß nach der Anbringung auf einem Untergrund in irgendeiner Form geschlossen gewesen sein (vgl. Anm. 55); die Aushöhlung des Halsstücks liefert aber keinesfalls ein Argument für die Annahme einer Halbierung. Die Nase ist schon in der Antike ergänzt worden. Wodurch diese Reparatur notwendig geworden ist, entzieht sich unserer Kenntnis. Daß sie beim Zersägen zerstört worden sein könnte, wäre eine mögliche Erklärung; doch kommen natürlich auch andere Ursachen in Frage.

58 Boston, Museum of Fine Arts Inv. 88.349: Fittschen, Bildnis Thermen-Museum 242 f. Nr. 20 Anm. 111. 113 Abb. 37–38; M. Comstock – C. Vermeule, Sculpture in Stone (Boston 1976) 236 Nr. 370 mit Abb.

59 Kopenhagen NCG 682 a, Inv. 2234: Studniczka, ABr 1001 S. 3; V. Poulsen, Les portraits romains II

und geschickter Zusammenfügung bei Verwendung der alten Museumsaufnahme ebenfalls ein vollständiges Bildnis (Taf. 10, 4). Die Kopenhagener Porträthälfte kann nun aber keinesfalls durch Zersägen eines rundplastischen Porträts entstanden sein, denn auf der Innenseite befindet sich ein flacher Zapfen, der beim Zersägen natürlich nicht entstehen kann (Taf. 10, 3). Dieser Zapfen wird mit der Fixierung auf einem Reliefgrund zusammenhängen. Es war für das richtige Verständnis des Befundes sicher fatal, daß in der ersten Publikation der Vorderansicht des Profilkopfes der offenbar als störend empfundene Zapfen einfach wegretuschiert worden ist (Taf. 11, 3)[60].

Das Kopenhagener Bildnis liefert also den Beweis, daß es in der Antike Profilbildnisse im Umfang eines halben Kopfes gegeben hat, die nicht durch die Halbierung ganzer Köpfe entstanden sind[61], sondern von Anfang an als Profilbildnisse geplant waren. Da auch die kaiserzeitlichen Privatporträts Kopien nach zuvor angefertigten Modellen sind, hat man bei diesen Profilköpfen eben nur die eine Hälfte kopiert. Das war bei den Beispielen der folgenden Gruppe nicht möglich.

Das unterlebensgroße bronzene Profilbildnis eines Knaben iulisch-claudischer Zeit in Berlin (Taf. 11, 2. 4)[62], vielleicht eines kaiserlichen Prinzen[63], kann nicht nach einem rundplastischen Modell kopiert worden sein, denn es weist eine deutliche körperperspektivische Verkürzung auf. Es ist innen hohl und besitzt zwei Löcher für die Befestigung auf einem nicht erhaltenen Hintergrund (Taf. 12, 1). Wie dieser Untergrund beschaffen war, ist vorerst unbekannt; das Berliner Köpfchen war in Bezug auf das Material bisher ein Unikum. Doch hat mir Thomas Schäfer inzwischen eine Parallele in Aosta, Museo Archeologico Regionale aus derselben Zeit nachgewiesen (Taf. 12, 3)[64].

Das marmorne Profilbildnis des Claudius im Haupttypus im Museo Gregoriano Profano des Vatikan (Taf. 12, 2. 4)[65] weist zwar eine beträchtliche Reliefhöhe auf, kann wegen der ganz flächigen Ausführung aber nicht zu einem rundplastischen Kopf gehört haben[66]. Die ergänzten Teile, die Nase, ein Streifen der Stirn und das Halsstück, bilden mit dem modernen Untergrund eine Einheit, in die das fragmentierte Profilbildnis in sehr geschickter Weise eingepaßt ist. Darin gleicht es dem folgenden Beispiel.

Bei Aufnahmearbeiten im Magazin des Louvre entdeckte ich 1971 den lorbeerbekränzten Reliefkopf des Antinoos, der der Forschung bis dahin unbekannt war (Taf. 14, 1–2). Er stammt aus der Sammlung Castellani, die bei manchen Archäologen fast automatisch einen Fälschungsverdacht auslöst. In der Tat galt der Reliefkopf im Museum als modern und ist auch nicht in den Katalog von

(Kopenhagen 1974) 70 f. Nr. 43 Taf. 71; Bergmann, Gnomon 53, 181 zu Nr. 43; Goette, Portraits 127 Nr. 6 Abb. 14–15; F. Johansen, Roman Portraits II (Kopenhagen 1995) 114 Nr. 42 mit Abb.

60 Vgl. die Abbildung bei Poulsen a. O.; der Befund ist richtig beschrieben bei Bergmann a. O., die aber gleichwohl annimmt, daß die Kopfhälfte durch Zersägen eines ehemals rundplastischen Kopfes in der Antike entstanden sei; der Befund zum ersten Mal abgebildet bei Goette a. O. Ihm verdanke ich auch die Vorlagen für Taf. 10, 3 und 11, 1.

61 Das ergibt sich u. a. aus der Tatsache, daß Kopiermarken auch an zahlreichen Privatporträts erhalten sind, vgl. den porträtkundlichen Index in Fittschen – Zanker, Katalog IV 194 s. v. Meßpunkte.

62 Berlin, Staatliche Museen, Antikensammlung Inv. Fr 2149 (aus der Sammlung Belori): K. Dahmen, Untersuchungen zu Form und Funktion kleinformatiger Porträts der römischen Kaiserzeit (Münster 2001) 159 Nr. 46 mit Abb. – Mit der Frage „Ob wirklich antik?“ hat Bernoulli, Röm. Ikon. II 1, 176 Nr. 45 eine bedauerliche Fehleinschätzung der hier behandelten Denkmälergruppe eingeleitet; s. auch Anm. 86.

63 In Betracht kämen zwei einander sehr ähnliche Bildnistypen, die jeweils in mehreren Repliken überliefert, aber noch nicht sicher identifiziert sind:

„Typus Kiel“: B. Freyer-Schauenburg, Prinz oder Bürger? Zu einem antik restaurierten Bildniskopf in Kiel, in: H. von Steuben (Hrsg.), Antike Porträts. Zum Gedächtnis von Helga von Heintze (Möhnesee 1999) 167–176 Taf. 39–40.

„Typus Ince“: EA 1783; J. Fejfer, The Roman Male Portraits, The Ince Blundell Collection of Classical Sculpture I 2 (Liverpool 1997) 34 Nr. 7 Taf. 13–14.

64 Ich konnte bisher nicht feststellen, ob und ggf. wo das Stück schon veröffentlicht ist.

65 Inv. X 644: A. Giuliano, Catalogo dei ritratti romani del Museo Profano Lateranense (Rom 1957) 21 Nr. 28 Taf. 17; K. Fittschen, Katalog der antiken Skulpturen in Schloß Erbach (Berlin 1977) 56 Replik 13 zu Nr. 17.

66 Wie Giuliano a. O. annimmt («quasi sicuramente a tutto tondo, e stato segato ed inserito in un medaglione moderno»).

Kersauson (1996) aufgenommen worden, obwohl der Stil der Haarwiedergabe den besten antiken Antinoosbildnissen genau entspricht. Die damals entstandenen Aufnahmen hat Hugo Meyer in sein Buch über Antinoos aufgenommen und das Fragment so der Forschung zum ersten Mal zugänglich gemacht[67].

Vor einigen Jahren konnten die Musées Royaux in Brüssel ein ähnliches Profilbildnis des Antinoos erwerben, das von Cécile Evers 2013 veröffentlicht worden ist (Taf. 13, 1–2. 4–5)[68]. Dieses nicht so sorgfältig ausgeführte Bildnis kann zu einem rundplastischen Porträt nicht gehört haben, da es dazu zu flach ist. Es ist auf der Innenseite ausgehöhlt und mit einem Randschlag versehen; mehrere Dübellöcher dienten zur Befestigung auf einer Rückwand.

Anläßlich dieser Neuerwerbung konnte Frau Evers erreichen, daß die Kollegen im Louvre das dortige Fragment genauer unter die Lupe nahmen. Daniel Roger hat darüber einen kurzen Bericht vorgelegt (Taf. 13, 3; 14, 3)[69]. Antik sind nur die beiden Fragmente mit dem Haar und dem Gesicht des Antinoos. Ergänzt sind Nase, Mund und Kinn, die paßgenau zusammen mit der neuzeitlichen Trägerplatte ausgeführt worden sind. Beim Auseinandernehmen des Ganzen ergab sich, daß auch dieses Profilbildnis innen ausgehöhlt ist und eine deutliche Anathyrosis aufweist. Reste von Wurzelfasern und Sinter bezeugen den antiken Ursprung der Herrichtung. Die Aushöhlung war bei der Restaurierung mit einer Masse aus Schellack ausgefüllt (Taf. 13, 3). Auch dieser Profilkopf kann nicht zu einem rundplastischen Kopf gehört haben.

Es ist also festzuhalten: Neben Profilbildnissen, die mit ihrem Hintergrund fest verbunden, also wirkliche Reliefbildnisse sind, gab es in der Antike auch Profilbildnisse, die separat gearbeitet waren und auf einem separaten Hintergrund befestigt werden mußten[70]. Dieses Verfahren wurde vielleicht angewandt, weil es die Möglichkeit bot, andersfarbige Hintergrundflächen zu verwenden. Leider hat sich davon bisher kein Beispiel nachweisen lassen.

Eine Sonderform der bisher betrachteten separat gearbeiteten reinen Profilköpfe stellt das Halbprofil dar. Wie Christiane Vorster erkannt hat, war die Berliner Kleopatra kein rundplastisches Bildnis, sondern war schräg an einem Hintergrund befestigt[71]. Vermutlich gehörte der Kopf zu einem Clipeus, in dessen Büstenstück er eingesetzt war. Solche Büstenstücke für Einsatzköpfe für Clipei haben sich z. B. im Schiffsfund von Mahdia erhal-

67 Paris, Louvre Inv. MA 5051: Meyer, Antinoos 65 Nr. I 44 Taf. 49, 3–4; Evers, Divine Youth 93 Anm. 63 Abb. 17; Fittschen – Zanker, Katalog IV 65 Anm. 14 zu Nr. 54; vgl. auch Anm. 69. Stilistisch am besten vergleichbar (in Bezug auf Bohrungen und Gravur der Haarsträhnen) sind die Büsten im Louvre MA 1082 (Meyer, Antinoos 62 Nr. I 42 Taf. 47) und das Relief in der Villa Albani (hier Anm. 37. 39 Taf. 3, 4; 4, 4).

68 Brüssel, Musées Royaux d'Art et d'Histoire Inv. 4145: Evers, Divine Youth 89–99 Abb. 1–6. 10. 21; Fittschen – Zanker, Katalog IV 65 Anm. 14 zu Nr. 54. – Ich danke Cécile Evers, daß sie mich schon vor ihrer Veröffentlichung mit Photographien und Informationen sowohl über das Brüsseler als auch das Pariser Profilbildnis versorgt hat.

69 Vgl. D. Roger, The Louvre Antinous Relief. An Empty Head, in: Th. Opper (Hrsg.), Hadrian: Art, Politics and Economy, British Museum Research Publication 175 (2013) 100–102 Abb. 1–5.

70 Auch die Liste der hier angeführten Beispiele ließe sich leicht fortsetzen. Besonders wichtig ist ein Neufund vom Palatin, das sehr flache, marmorne Profilbildnis eines noch nicht identifizierten Griechen: E. Stinco, in: M. A. Tomei (Hrsg.), Roma. Memorie del sottosuolo. Ritrovamenti archeologici 1980/2006 (Rom 2014) 117 Nr. I 106 mit Abb. In der Größe entspricht es dem „Persius" (s. hier Anm. 25 Taf. 4, 1) und könnte ebenfalls als Wandschmuck gedient haben. Ich nenne ferner zwei seit langem verschollene Stücke, die beide zur Sammlung des Kardinals Fesch gehörten (zum Sammler vgl. C. Gasparri, EAA 2. Suppl. 1994, 203):

a) Rechtes Profilbildnis Caracallas im 1. Alleinherrschertypus: E. Q. Visconti – A. Mongez, Iconographie ancienne (Paris 1826) 167 Taf. 49, 2 („médaillon de marbre en demi relief"); Bernoulli, Röm. Ikon. II 3, 56 Nr. 91 (echt?); H. B. Wiggers – M. Wegner, Caracalla bis Balbinus (Das römische Herrscherbild III 1 [1971]) 61 (modern);

b) Linkes Profilbildnis der Julia Domna im Typus Leptis: Visconti – Mongez a. O. 168 Taf. 49, 2 (Plautilla); Bernoulli a. O. 44 (J. Domna); R. Schlüter, Die Bildnisse der Kaiserin Iulia Domna (Diss. Münster 1977) 172 („kein Reliefkopf", sondern rundplastische Replik).

Ob zwei Medaillons mit bekränzten Profilköpfen, ehemals in der Sammlung Richelieu (M. Montembault – J. Schloder, L'album Canini du Louvre et la collection d'antiques de Richelieu [Paris 1988] Nr. 105–106 mit Abb.), zur Gruppe der separat gearbeiteten Profilköpfe oder der echten Reliefköpfe (s.

ten[72]. In der pompejanischen Wandmalerei sind Clipei mit Köpfen im Halbprofil reich belegt, meist Götterköpfe, aber auch Porträtköpfe.[73]

Nach dieser langen Materialvorlage komme ich nun zu meinem eigentlichen Anliegen.

Einen Profilkopf der zuletzt behandelten zweiten Gruppe gibt es auch im Museo Barracco (Taf. 15, 1–2)[74]. Er wurde von Walter Amelung in der dritten Auflage des Helbig von 1912 zutreffend beschrieben[75] und von Franz Studniczka 1920 im Tafelwerk von Arndt – Bruckmann ausführlich dokumentiert[76]. Da die folgende Forschung das Bildnis aber insgesamt für neuzeitlich erklärt hat, wurde es kaum mehr beachtet. In der vierten Auflage des Helbig von 1966 ist es nicht mehr berücksichtigt worden[77] und auch Paul Zanker hat entschieden, es nicht in den Band II unseres Capitol-Kataloges aufzunehmen. Ich habe diese Entscheidung in Band IV korrigiert; einiges von dem, was ich im Folgenden mit Bildern belegen will, habe ich dort bereits angeschnitten[78].

Vor der Annahme, das Bildnis sei neuzeitlich, hätte allein schon die Existenz von Wurzelfasern, auf die schon Studniczka hingewiesen hat, warnen sollen (am Hals und auf der Unterseite, Taf. 15, 1. 16, 2). Das Bildnis ist auf der Innenseite ausgehöhlt, mit einem glatten Rand versehen und besitzt zwei Befestigungslöcher (Taf. 16, 1). Das größere oben geht bis auf die Vorderseite durch (dieses Detail wird gleich noch einmal zur Sprache kommen).

Gegen die Annahme, das Profilbildnis sei durch die Halbierung eines rundplastischen Bildnisses zustande gekommen, sprechen zwei Gründe: Auf der Unterseite des kurzen Büstenabschnitts (Taf. 16, 2) gibt es keine Stütze, und eine solche war auch nie vorhanden; das gedachte rundplastische Bildnis hätte also gar nicht aufgestellt werden können[79]. Die durch Spiegelung hergestellte Vervollständigung (Taf. 16, 3) ergibt einen Kopf, der im Untergesicht zu schmal, im Schädel dagegen recht breit ist; das Profilbildnis ist demnach so angelegt, daß es nach oben hin stärker vortritt[80], vermutlich mit Rücksicht auf eine erhöhte Aufhängung[81].

Das Bildnis stammt aus frühaugusteischer Zeit. In der Wiedergabe des strähnigen, in Schichten angelegten Haares ist es dem Bildnis des Octavian im sogenannten Aktium-Typus in den Uffizien

Anm. 41) gehörten, muß offenbleiben, da auch sie verschollen sind.

71 Vgl. Ch. Vorster, Die römischen Porträts der Kleopatra, BJb 213, 2013, 51–54 Abb. 4–7. 9 Taf. 2, 2. 4, 2; G. Platz-Horster hat in: Scholl, Bildnisse 66–68 Nr. 45 die These von Vorster zwar erwähnt, dazu aber leider nicht Stellung bezogen; vgl. auch K. Fittschen, GGA 270, 2018, 118 Nr. 45.

72 Vgl. H. v. Prittwitz und Gaffron, Die Marmortondi, in: G. Hellenkemper-Salies (Hrsg.), Das Wrack. Der antike Schiffsfund von Mahdia, Kat. Ausst. Bonn 1994, I 306 mit Abb. 10–11; ders., Die Tondi von Mahdia, in: AntPl 26, 1998, 56 Abb. 1–2.

73 Vgl. z. B. Le Collezioni del Museo Nazionale di Napoli I (Rom 1989) 157 Abb. 231–234; 161 Abb. 262. Porträttondi sind in der pompejanischen Wandmalerei so verbreitet, daß es seltsam wäre, wenn es diese Gattung nicht auch in plastischer Ausführung gegeben hätte.

74 Rom, Museo Barracco, Inv. 191. Es ist bisher nicht bekannt, wann und von wem Giovanni Barracco (1829–1914) das Bildnis erworben hat. Nach dem Verkauf der Skulpturen der Sammlung Montalto (Anm. 97) hat es sich zunächst im Besitz von Thomas Jenkins befunden, vgl. seine Briefe an Ch. Townley vom 27. Sept. 1786 und 20. Jan. 1787, vgl. I. Bignamini – C. Hornsby, Digging and Dealing in Eighteenth-Century Rome (New Haven 2010) 168 f. 171 f.

75 Vgl. Helbig[3] I (1912) Nr. 1133 (W. Amelung), der dort nur wiederholt, was er schon 1908 in Amelung, Vat. Kat. II 607 zu Nr. 400 a mitgeteilt hatte.

76 Vgl. ABr Taf. 1001; Studniczka a. O. Abb. 2 und 17.

77 In Helbig[4] IV (1972) 442 Nr. 1133 ist dafür die Begründung nachgeliefert worden: „17. Jh.?“.

78 Fittschen – Zanker, Katalog IV 62–65 Nr. 54 Taf. 75 mit der älteren Lit.; nachzutragen sind u. a. Amelung, Vat. Kat. II 607 zu Nr. 400 a; Bergmann, Gnomon 53, 181 zu Nr. 43 (aus einem rundplastischen Kopf zerteilt); danach erschienen: Seidel, Codex 191 Abb. 200. – Die erneute Behandlung des Bildnisses Barracco gibt zugleich Gelegenheit, unzutreffende Angaben im Katalog zu korrigieren (vgl. Anm. 80) und den Standpunkt zu präzisieren.

79 Diese Feststellung schon bei Amelung, Vat. Kat. II 607 f. zu Nr. 400 a („Der Kopf [...] war nie mit einem Körper verbunden“). – Das Profilbildnis Barracco ist das einzige unter den separat gearbeiteten, an dem das Halsstück vollständig erhalten ist; welche Gestaltung der untere Abschluß des Halses an den anderen bisher behandelten Profilbildnissen gehabt hat, läßt sich nicht mehr feststellen (vgl. Anm. 55 und 57).

80 Diesbezüglich ist also die Aussage in Fittschen – Zanker, Katalog IV 63 Anm. 11 zu Nr. 54 zu korrigieren.

81 Clipeusbildnisse wurden schon in griechischer Zeit gern oberhalb der Augenhöhe angebracht (vgl. Delos,

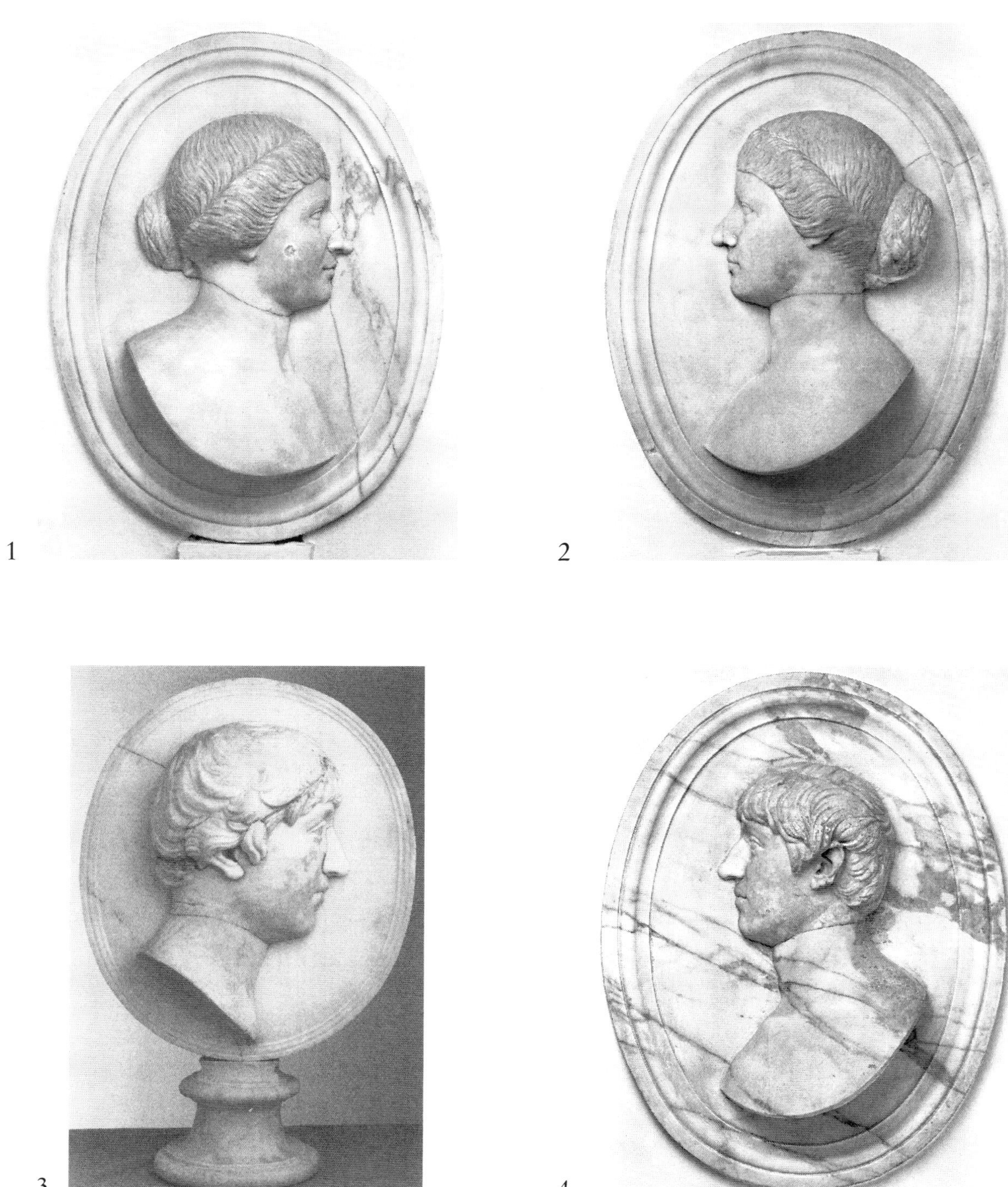

1–2 Linke und rechte Hälfte eines ursprünglich rundplastischen Frauenporträts, in je ein Reliefmedaillon umgearbeitet. Farnborough Hall (vgl. Anm. 5). – 3–4 Porträtkopf eines Knaben, ebenfalls in zwei Hälften zerlegt, mit Ergänzungen versehen und in Reliefmedaillons gefaßt, die in verschiedene Sammlungen gelangt sind. Rechtsprofil (3): Stockholm, Nationalmuseum, Inv. NMSk 79; Linksprofil (4): Farnborough Hall (vgl. Anm. 6–7)

TAFEL 2

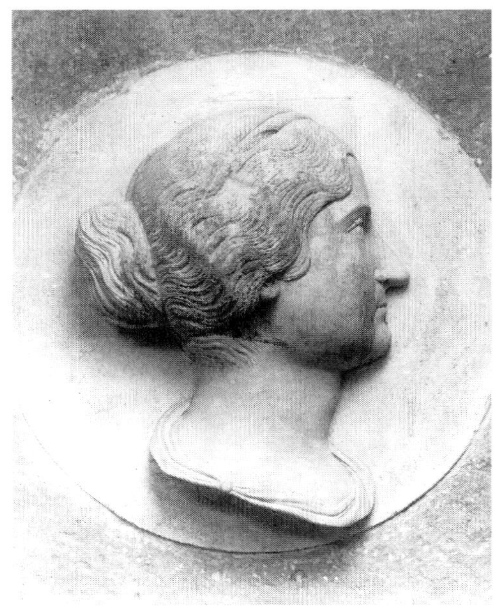

1

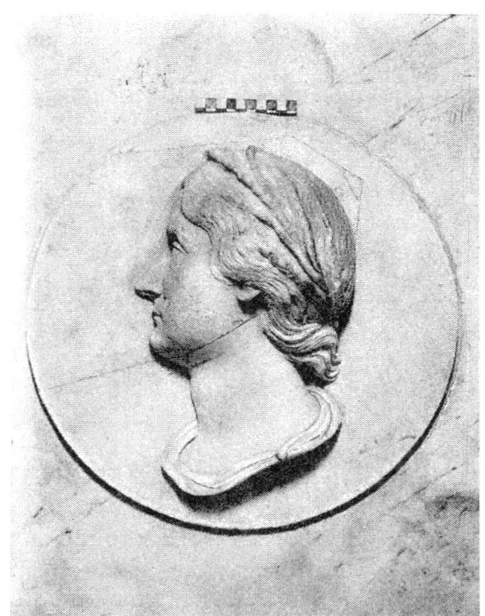

2

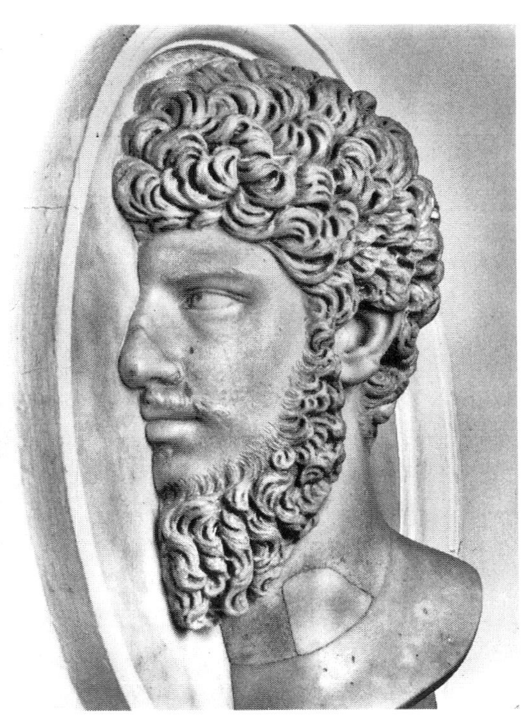

3

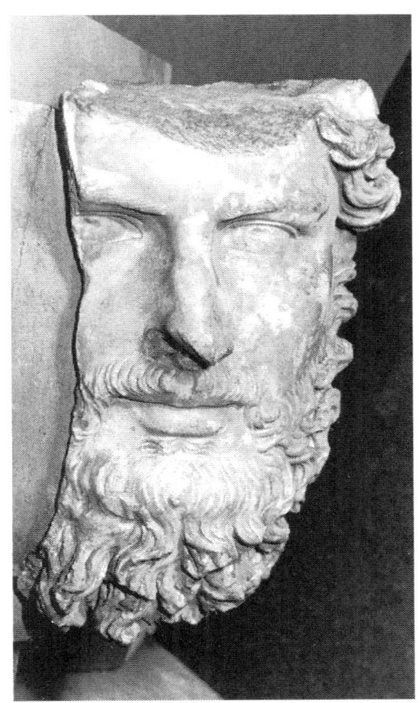

4

1–2 Antike Porträtreliefs zweier Frauen, im 18. Jh. als Medaillons gefaßt. Marmor. Rom, Vatikanische Museen, Galleria delle Statue, Inv. 570 (1) bzw. Sala a Croce Greca 40, Inv. 231 (2) (vgl. Anm. 21). – 3 Profilbildnis des Kaisers Lucius Verus mit Büstenstütze in Farnborough Hall (vgl. Anm. 8). – 4 Fragment eines rundplastischen Porträtkopfes des Lucius Verus. Marmor. New York, Metropolitan Museum, Inv. 13.227.1 (vgl. Anm. 9)

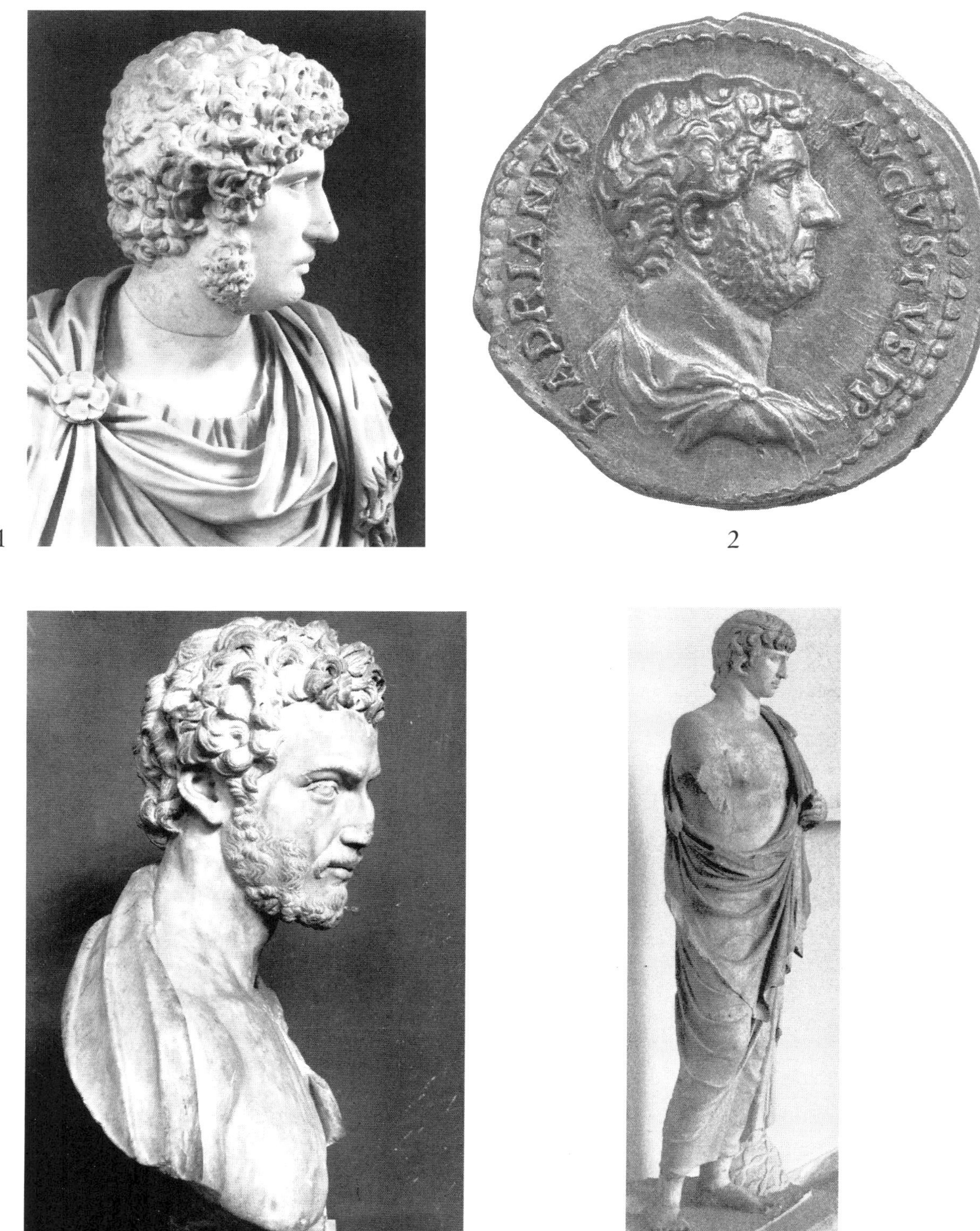

1 Bildnis des Kaisers Hadrian im Typus Δo, Madrid, Museo del Prado Inv. 176-E (vgl. Anm. 28). – 2 Aureus mit dem Bildnis Hadrians als *pater patriae*, geprägt zwischen 134 und 138 (RIC 385) (vgl. Anm. 33). Privatbesitz. – 3 Porträtbüste eines Mannes mit Manteldrapierung. London, British Museum, Inv. 1949 (vgl. Anm. 35). – 4 Marmorstatue des Antinoos mit griechischem Mantel. Eleusis, Museum, Inv. 5012 (vgl. Anm. 40)

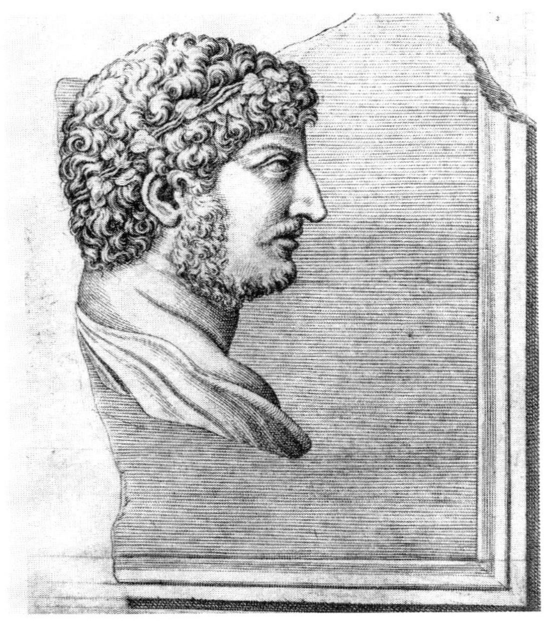

1

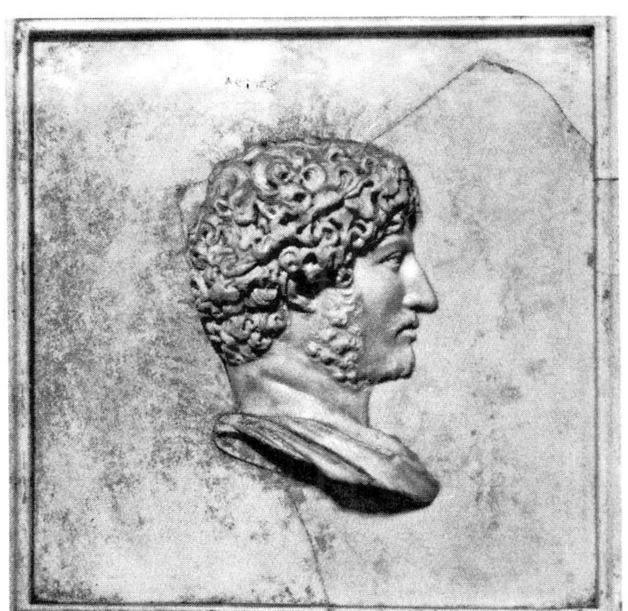

2

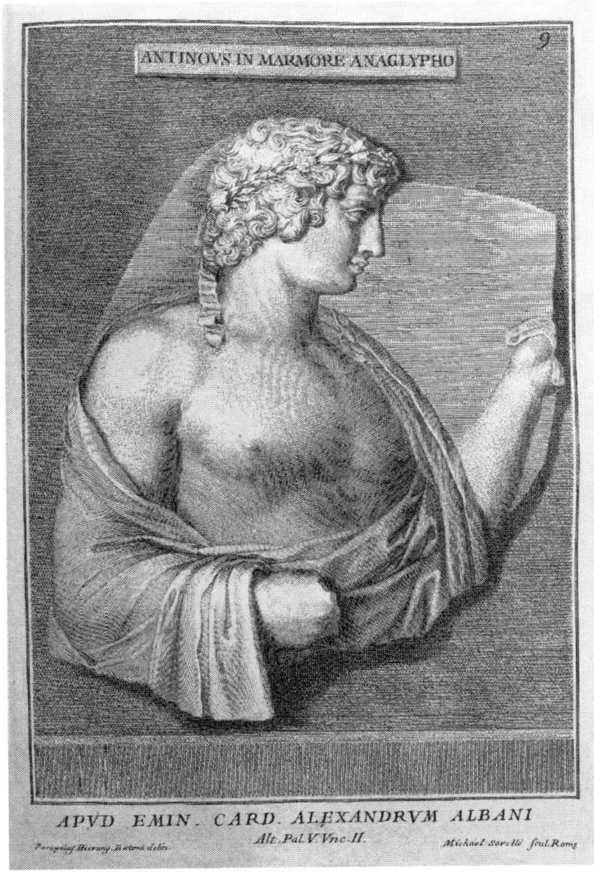

3

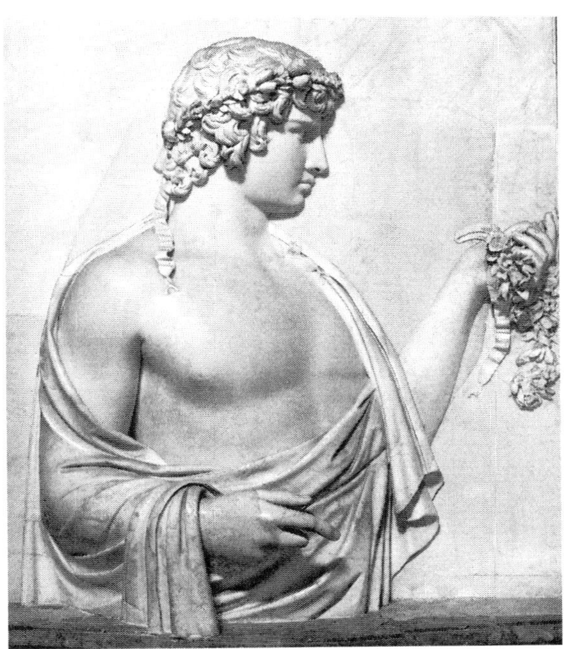

4

1–2 Reliefbildnis des Kaisers Hadrian, sog. Persius-Relief. Rom, Villa Albani, Inv. 960. Die Abbildung links oben (1) gibt die Zeichnung von Fulvio Orsini von 1570 wieder (vgl. Anm. 25 und 27). – 3 Stich von Antonio Borioni (1736) des Antinoos-Reliefs in der Villa Albani vor seiner Ergänzung (vgl. Anm. 39). – 4 Das Reliefbildnis des Antinoos in seinem heutigen Zustand, d. h. zum Genius des Frühlings ergänzt. Rom, Villa Albani, Inv. 994 (vgl. Anm. 37)

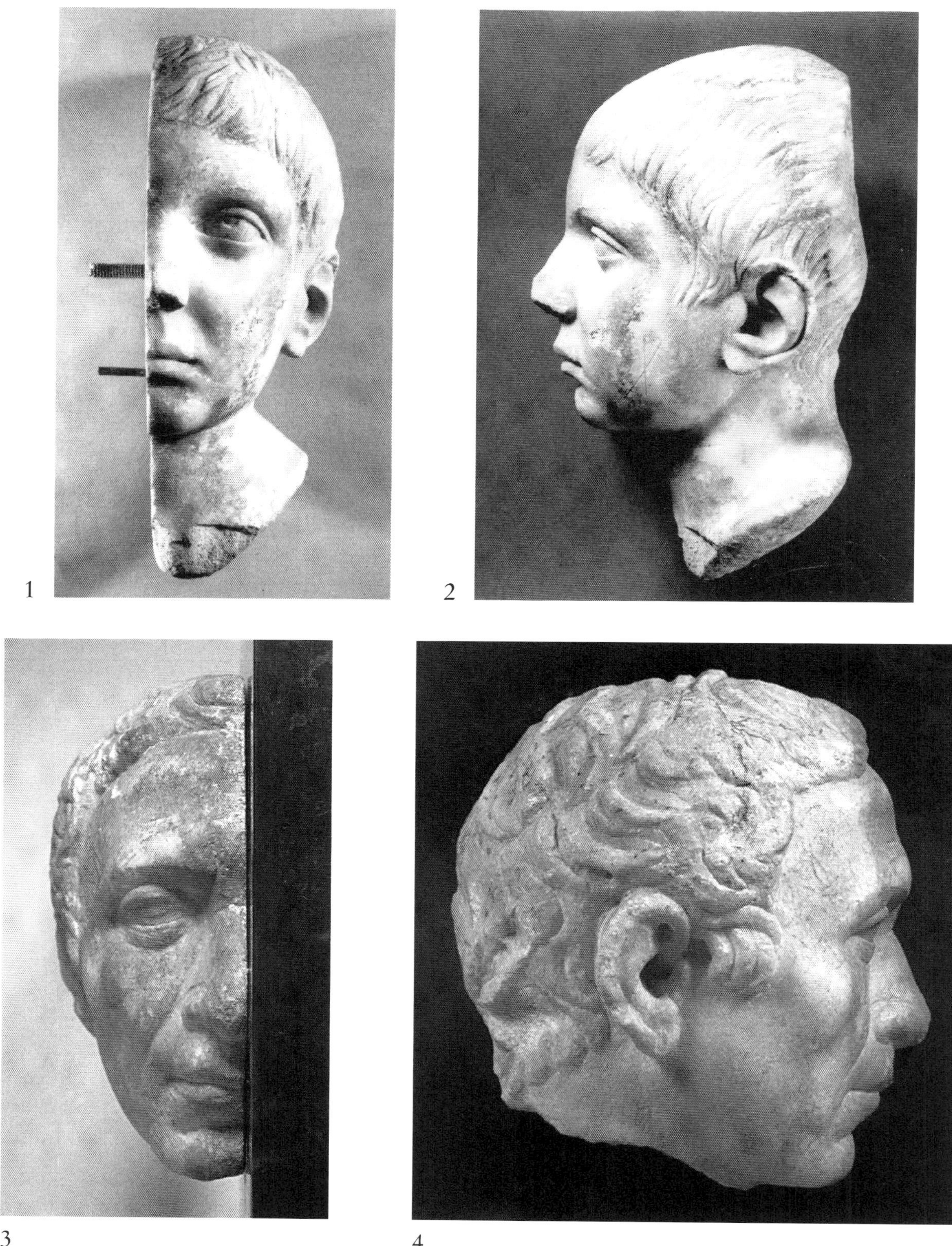

1–2 Linke Hälfte eines marmornen Knabenporträtkopfes, gefunden in Ephesos. Wien, Kunsthistorisches Museum, Inv. I 915 (vgl. Anm. 43). – 3–4 Rechte Hälfte eines Männerporträtkopfes. Berlin, Staatliche Museen, Antikensammlung Sk 1804 (vgl. Anm. 45)

TAFEL 6

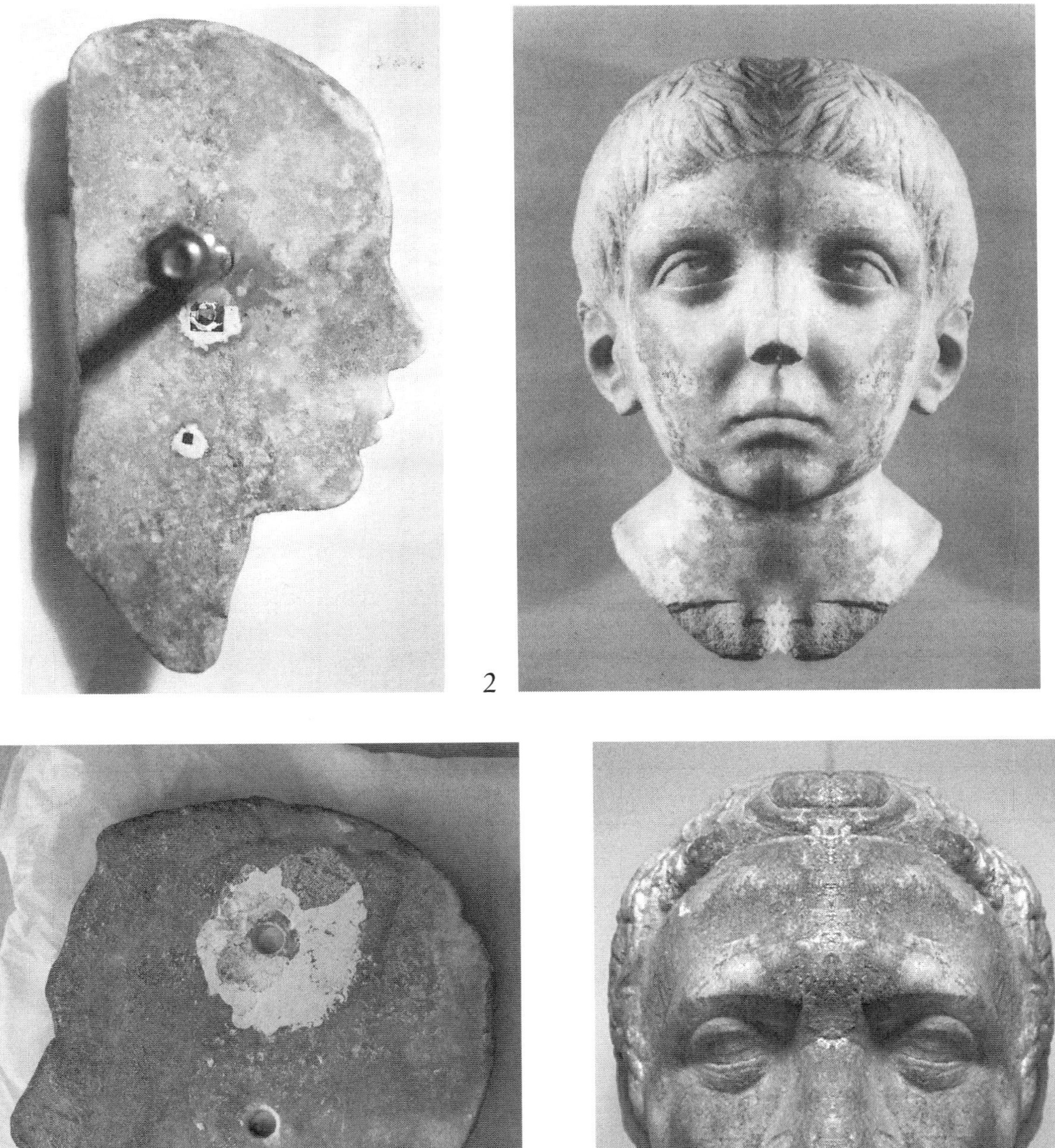

1 Rückseite der Kopfhälfte aus Taf. 5, 1–2. – 2 Mit der gespiegelten linken Gesichtshälfte (photographisch) ergänztes Knabenporträt in Wien. – 3 Rückseite der Männerkopfhälfte in Berlin. – 4 Photomontage aus zwei rechten Gesichtshälften zu einer vollständigen Porträtansicht des Berliner Reliefkopfes

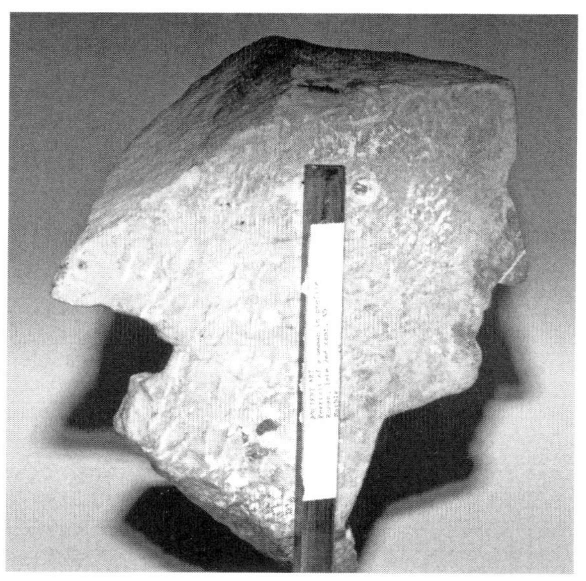

1

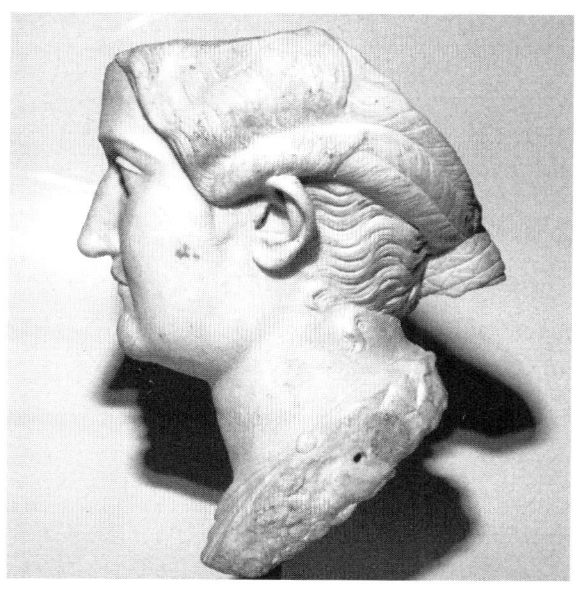

2

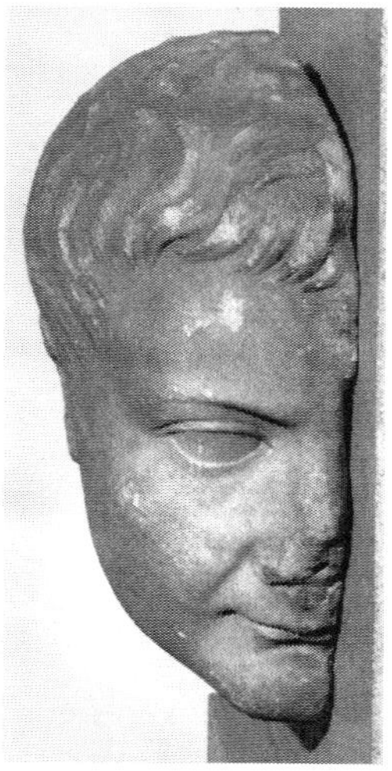

3

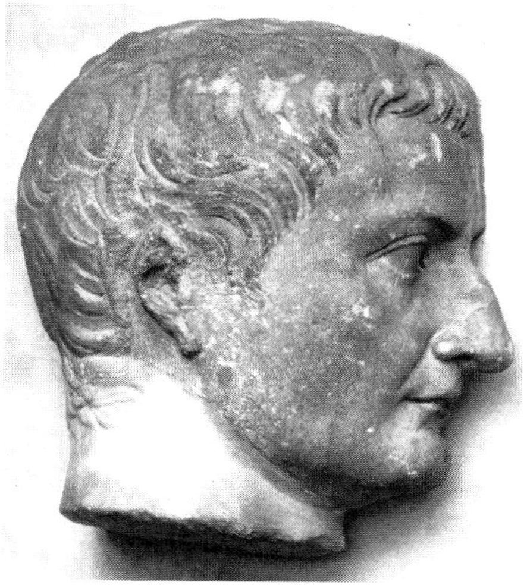

4

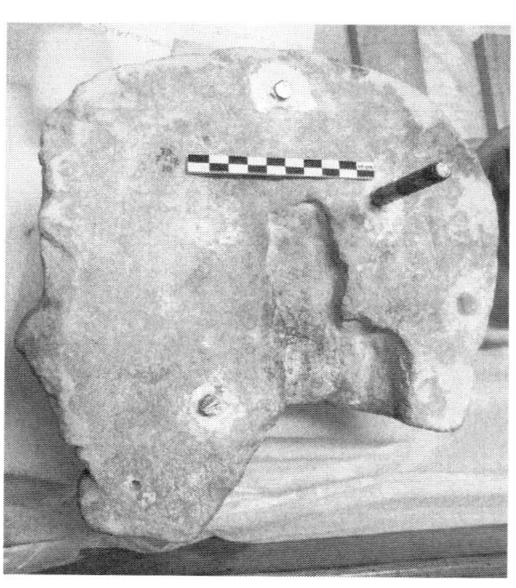

5

1–2 Rechte Hälfte des Bildnisses einer Frau, ehemals im Kunsthandel Zürich (vgl. Anm. 46). –
3–5 Rechte Hälfte eines Bildnisses des Tiberius, London, British Museum Inv. 1889 (vgl. Anm. 47)

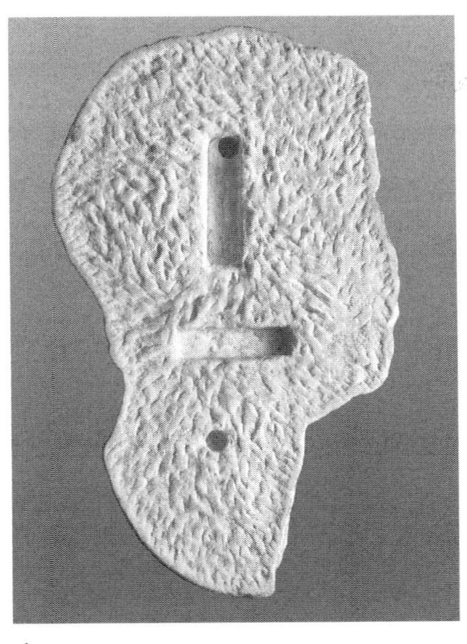

1

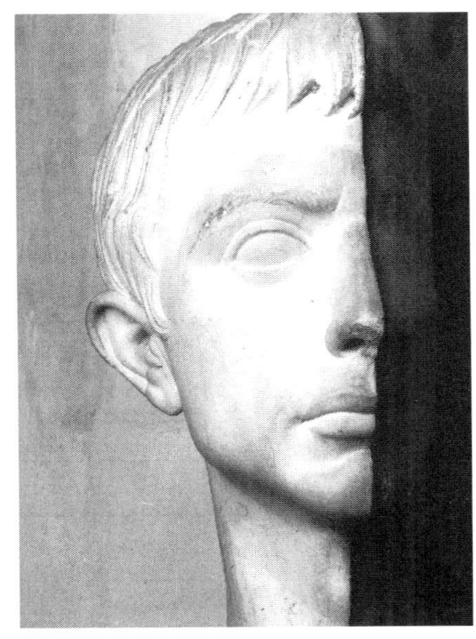

2

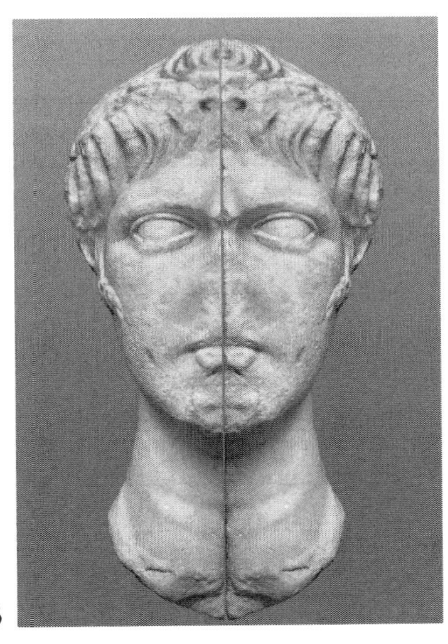

3

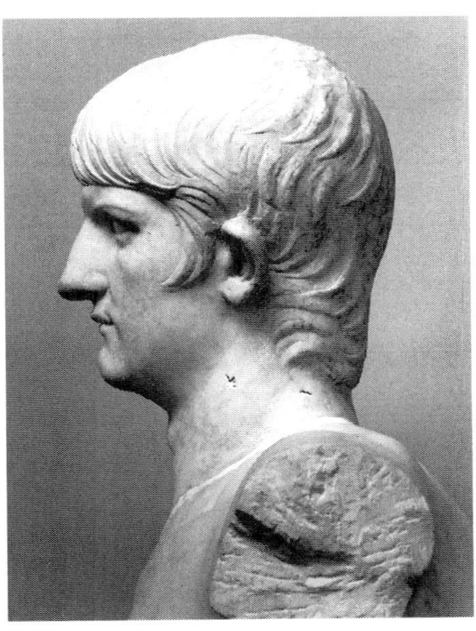

4

1–2 Linke Hälfte eines Bildnisses des Nero, Stuttgart, Städtisches Lapidarium Inv. A 46 (vgl. Anm. 51). – 3 Dasselbe, mit Photomontage vervollständigt. – 4 Bildnis des Nero, Cagliari, Museo Inv. 35533 (vgl. Anm. 53)

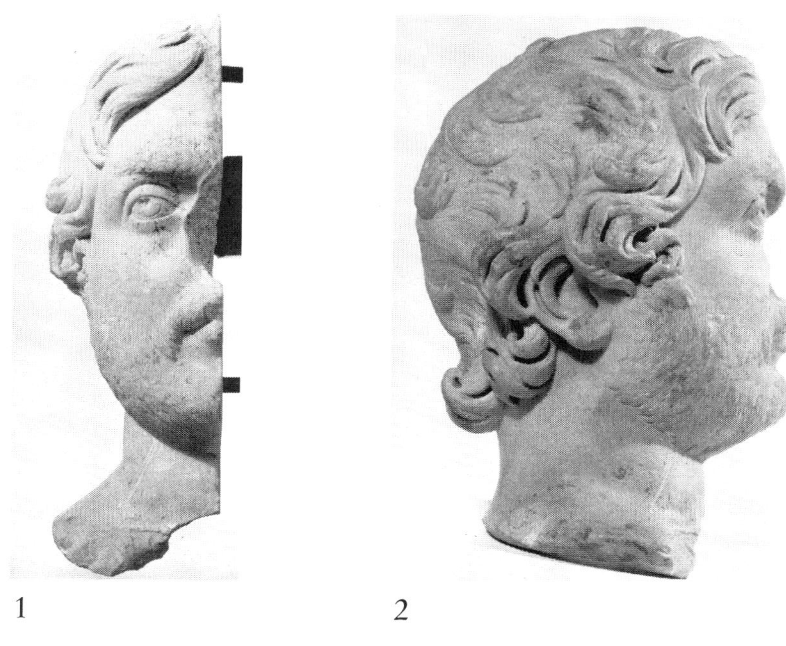

1 2

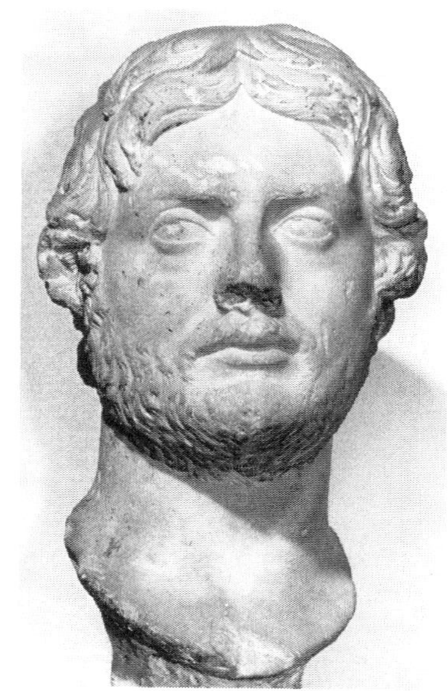

3

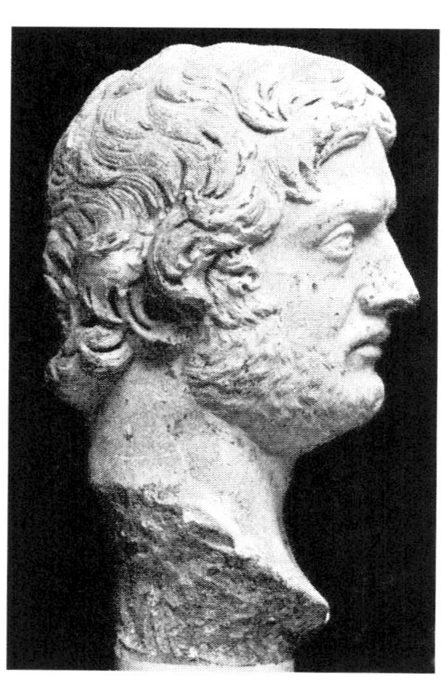

4

1–2 Rechte Hälfte des Bildnisses eines Mannes, Budapest, Museum der Schönen Künste Inv. 9813 (vgl. Anm. 56). – 3–4 Rundplastische Replik des halben Bildniskopfes Budapest, in Boston, Museum of Fine Arts Inv. 88.349 (vgl. Anm. 58)

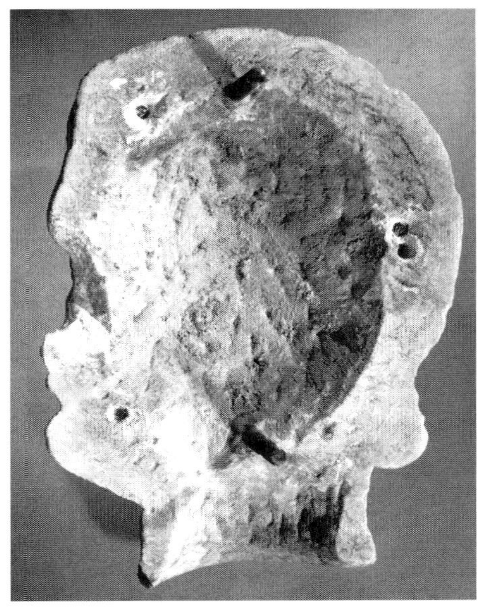

1

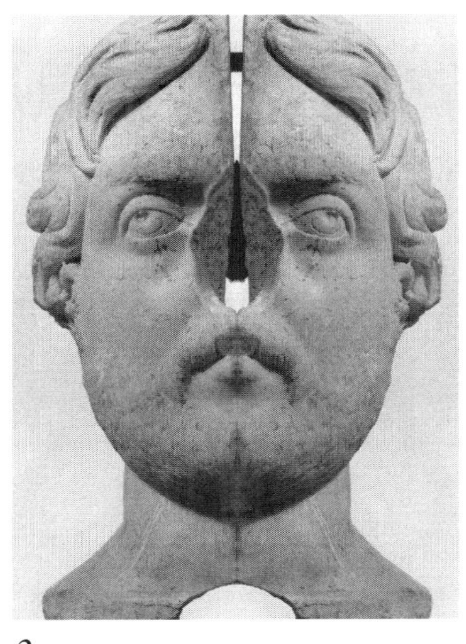

2

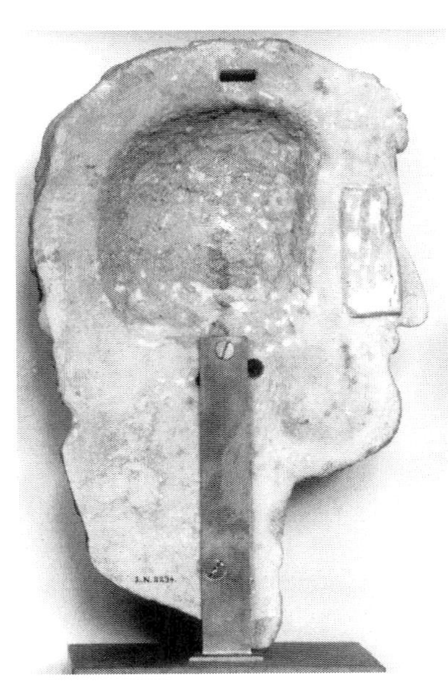

3

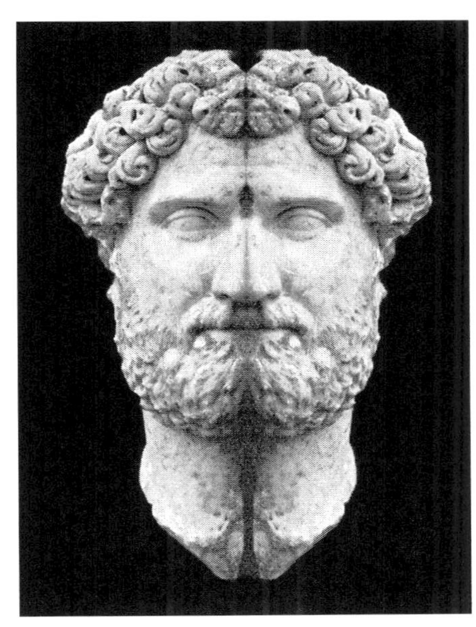

4

1 Innenseite des halben Bildniskopfes Budapest. – 2 Derselbe, mit Photomontage vervollständigt. – 3 Innenseite des halben Kopfes eines Mannes, Kopenhagen, Ny Carlsberg Glyptotek Inv. 2234 (vgl. Anm. 59). – 4 Derselbe, mit Photomontage vervollständigt

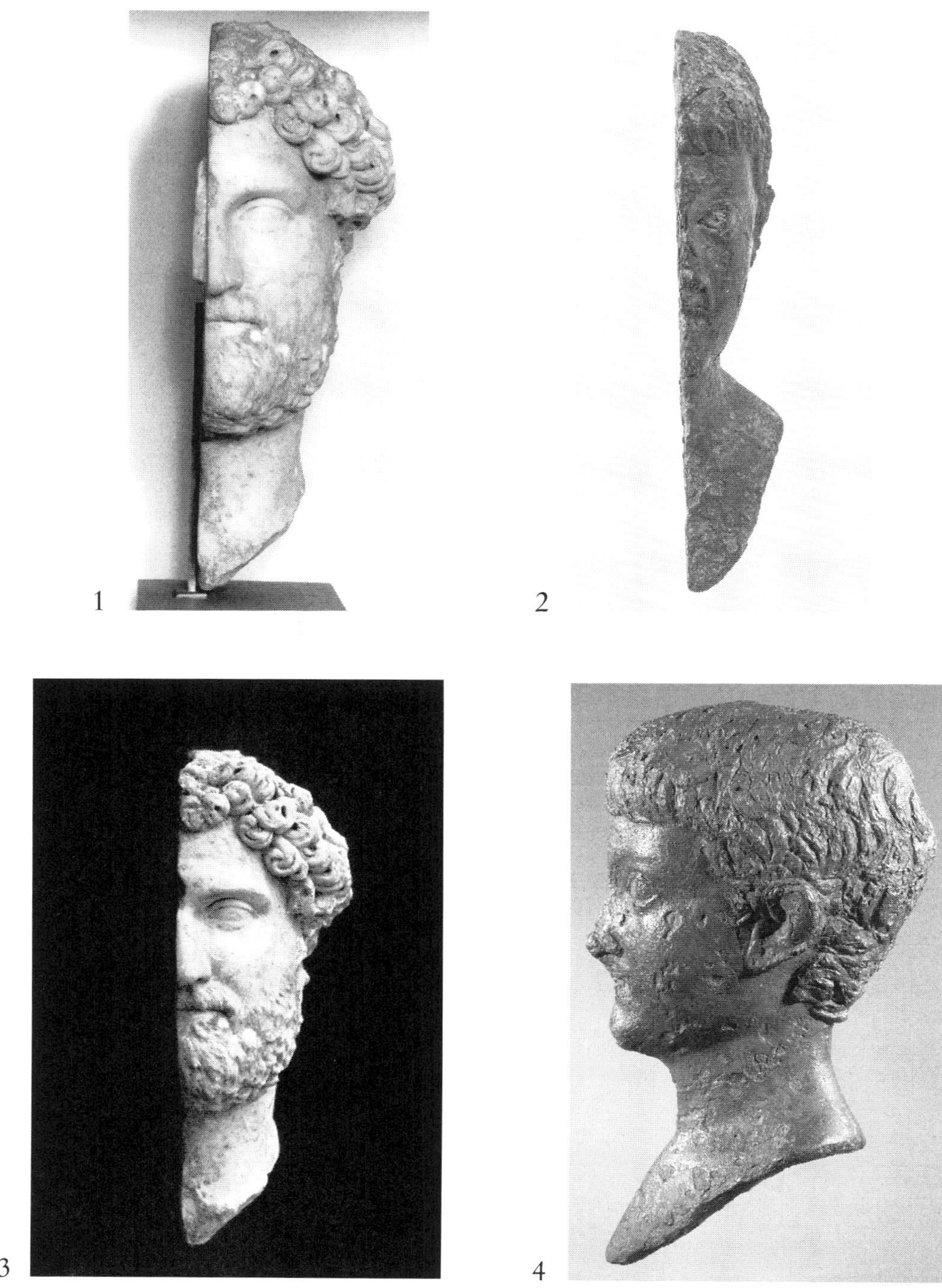

1 Vorderansicht des halben Kopfes in Kopenhagen, mit sichtbarem Zapfen auf der Innenseite (1) und nach V. Poulsen (3), wo der Zapfen offensichtlich wegretouchiert wurde (vgl. Anm. 60). – 2. 4 Bronzenes Profilbildnis eines Knaben, Berlin, Staatliche Museen, Antikensammlung Inv. Fr 2149 (vgl. Anm. 62)

TAFEL 12

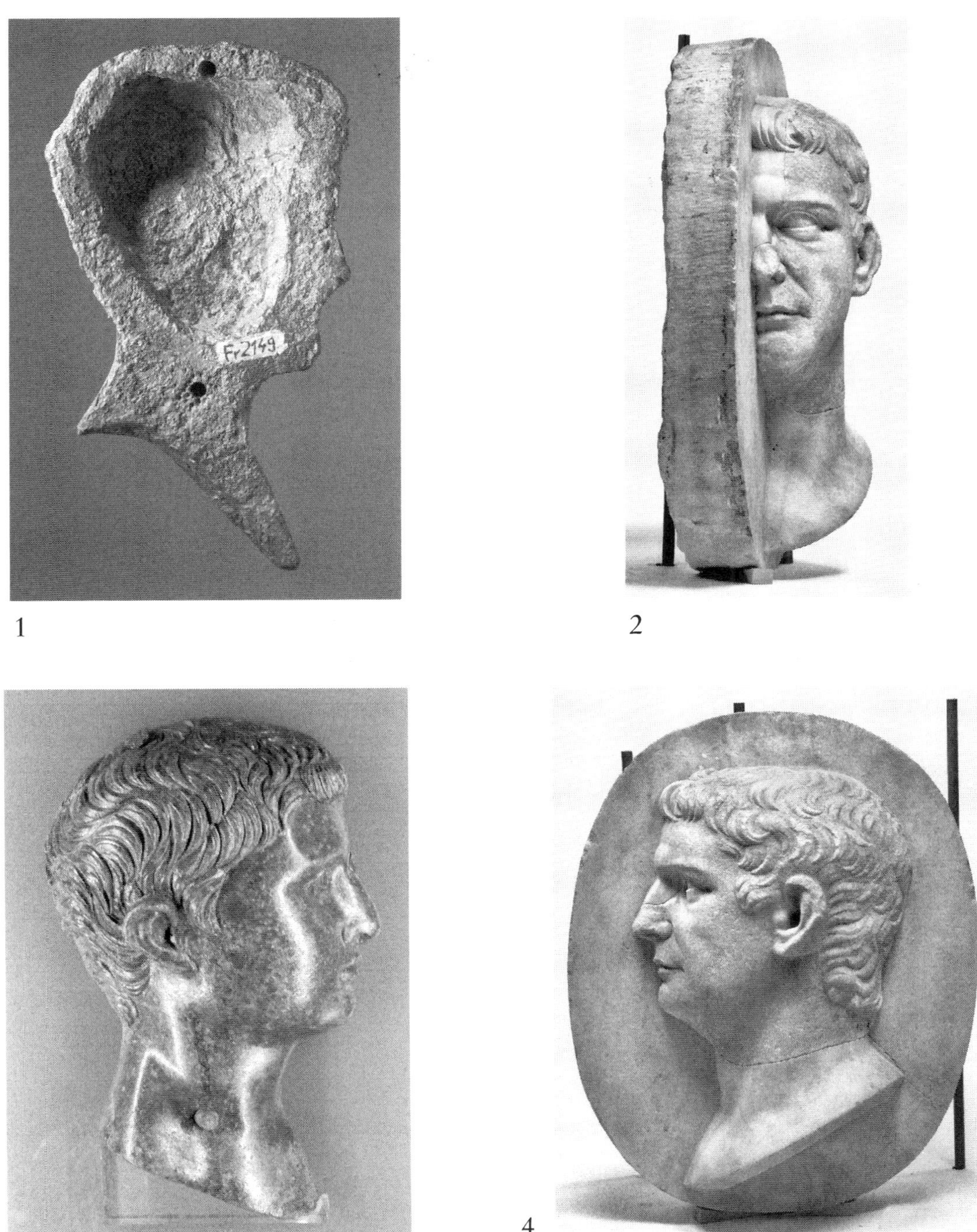

1 wie Taf. 11, 2. 4, Innenseite. – 2. 4 Reliefbildnis des Claudius, Rom, Vatikanische Museen, Museo Gregoriano Profano Inv. X 644 (vgl. Anm. 65). – 3 Bronzenes Profilbildnis eines Knaben, Aosta, Museo Archeologico Regionale (vgl. Anm. 64)

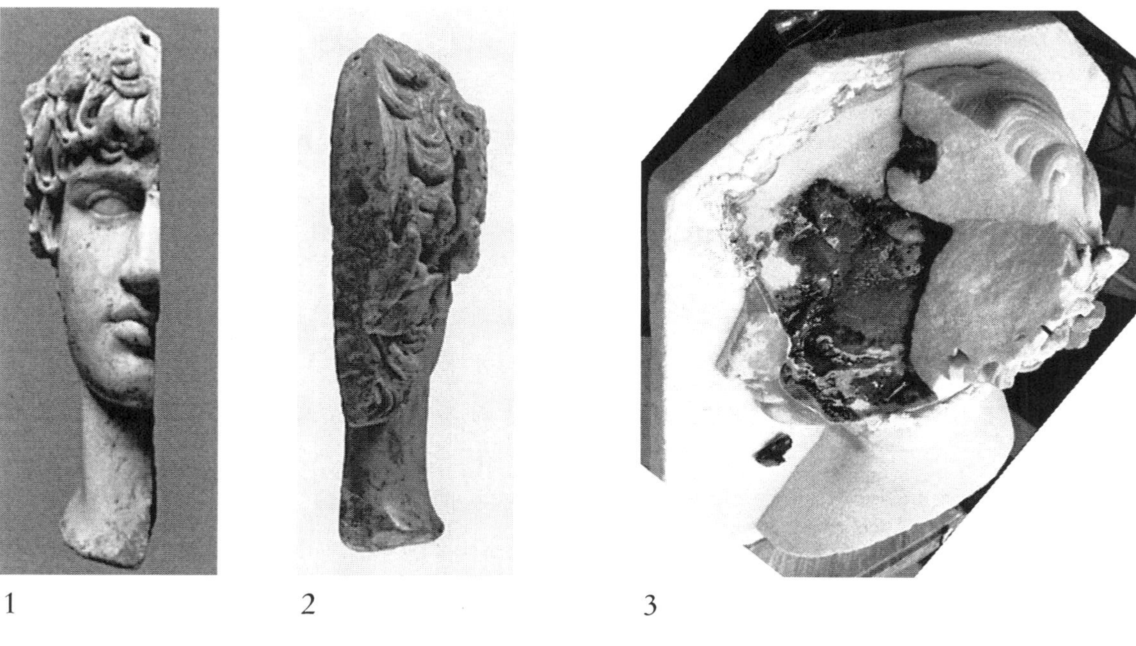

1 2 3

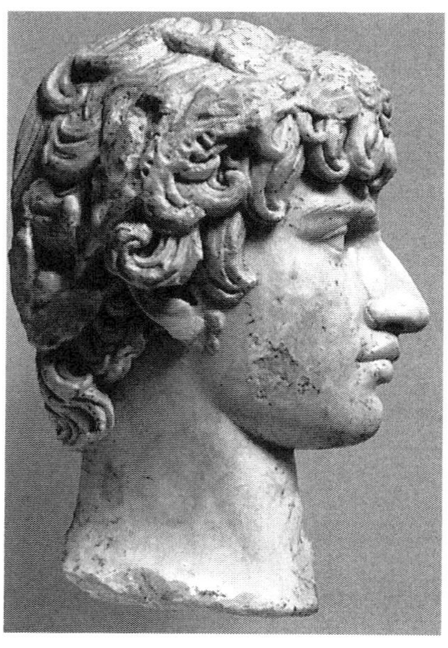

4

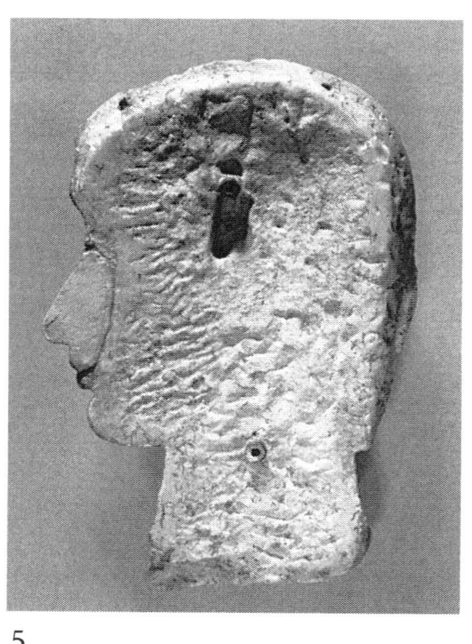

5

1–2. 4–5 Profilbildnis des Antinoos, Brüssel, Musées Royaux d'Art et d'Histoire Inv. 4145 (vgl. Anm. 68). – 3 Profilbildnis des Antinoos, der vordere Teil von dem modernen Untergrund abgenommen; Paris, Musée du Louvre Inv. MA 5051 (vgl. Anm. 67. 69)

TAFEL 14

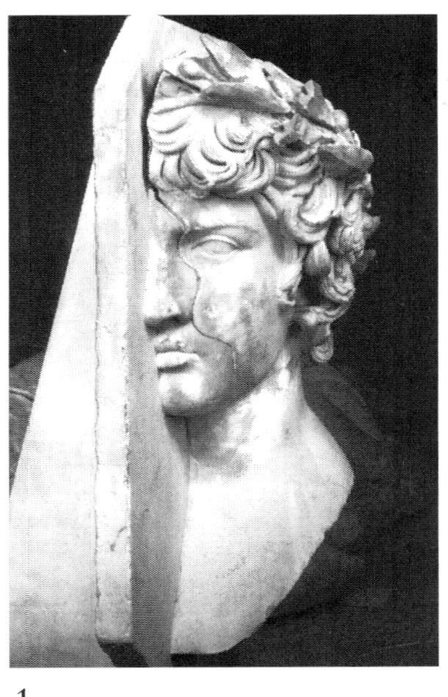

1

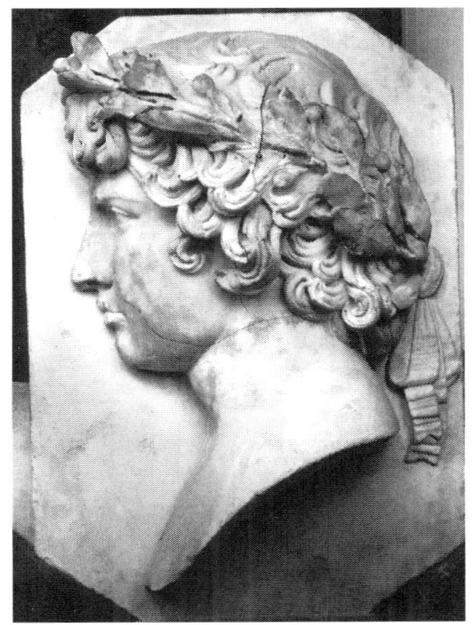

2

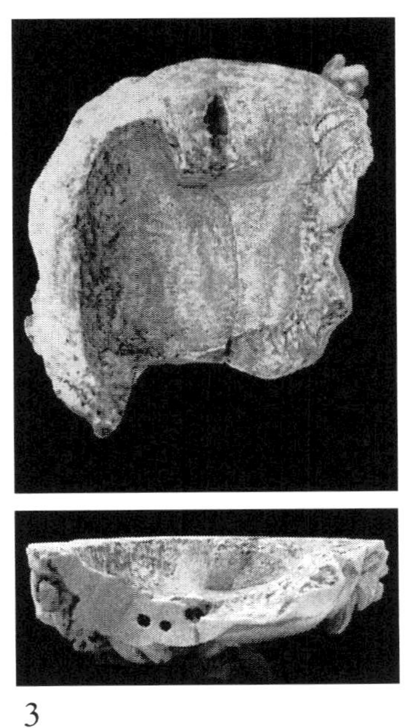

3

4

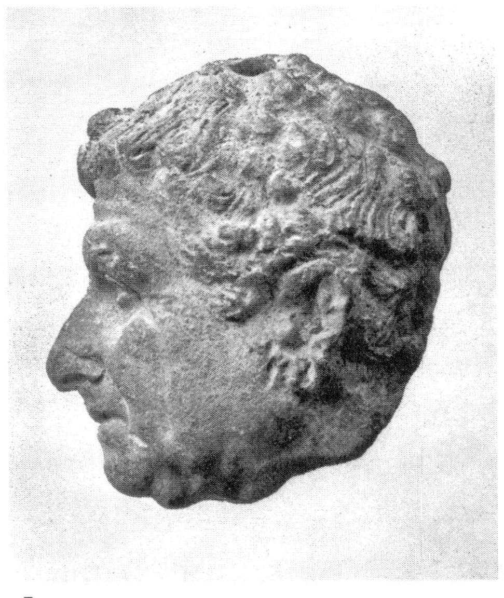

5

1–2 Profilbildnis des Antinoos, Paris, Musée du Louvre Inv. MA 5051 (Hintergrund modern; vgl. Taf. 13, 3). – 3 Dasselbe, Innen- und Unteransicht. – 4–5 Profilbildnis eines unbekannten Griechen (?) aus Terrakotta, Athen, Kerameikos-Museum Inv. T 353 (vgl. Anm. 88)

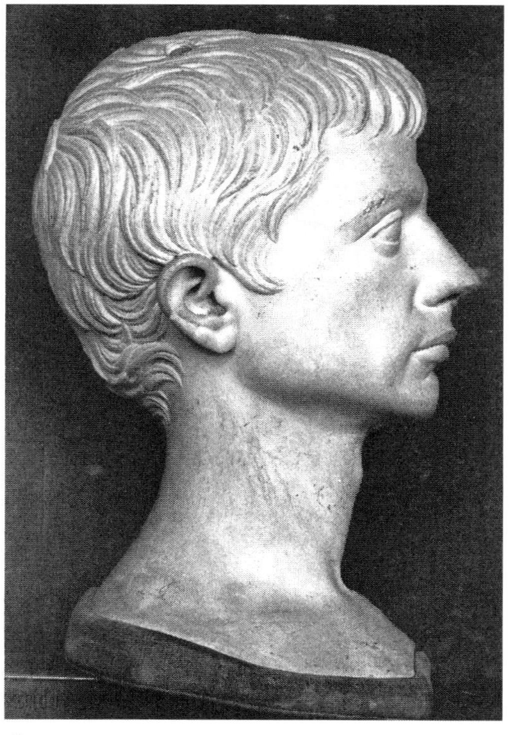

1

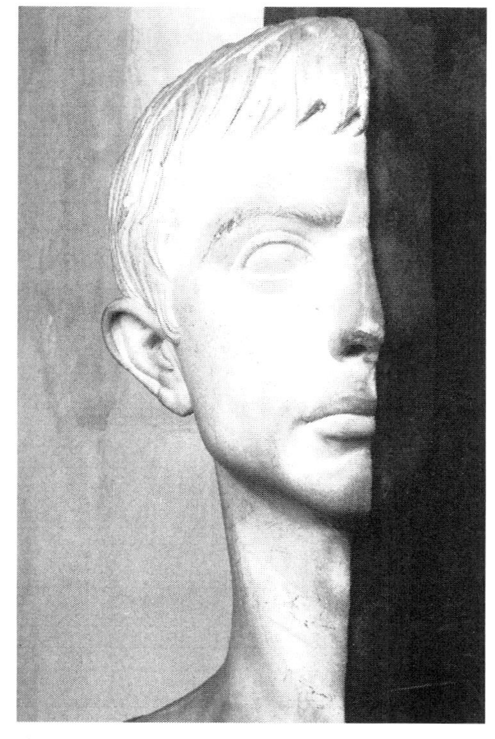

2

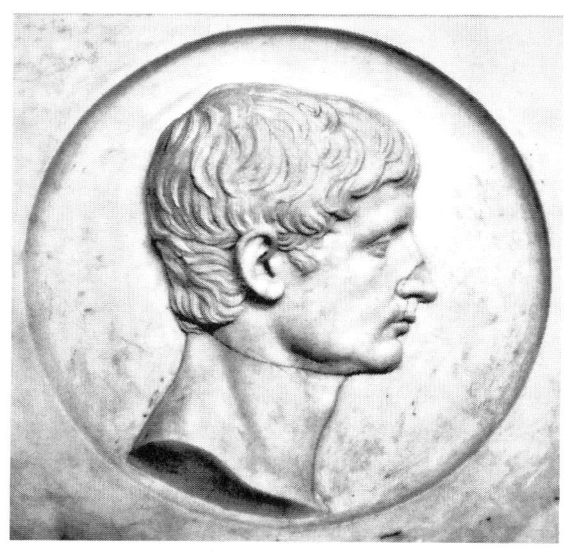

3

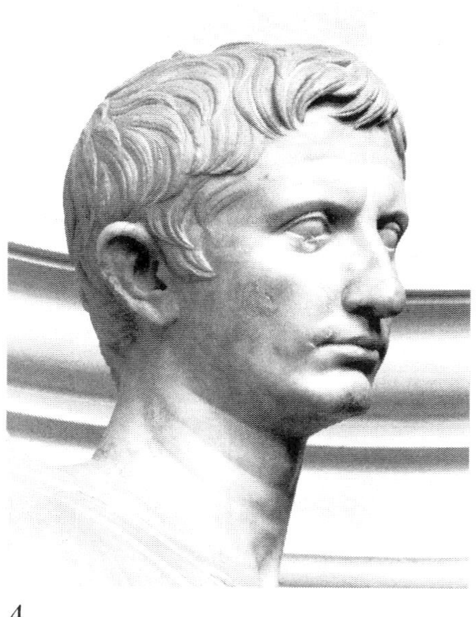

4

1–2 Profilbildnis eines Unbekannten aus der Villa Montalto, Rom, Museo Barracco (vgl. Anm. 74). – 3 Profilbildnis eines Unbekannten aus der Villa Montalto, sog. Augustustondo, Berlin, Staatliche Museen, Antikensammlung Sk 1345 (vgl. Anm. 86). – 4 Bildnis des Augustus im sog. Aktium-Typus, Florenz, Uffizien Inv. 1914.76 (vgl. Anm. 82)

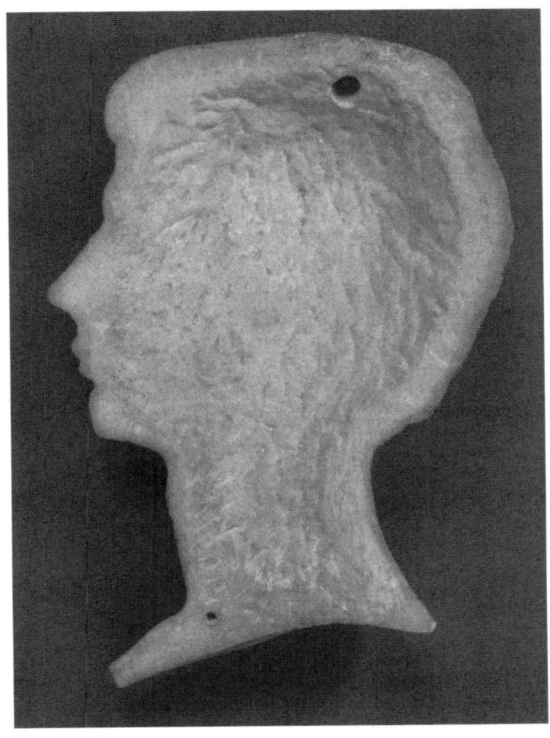

1

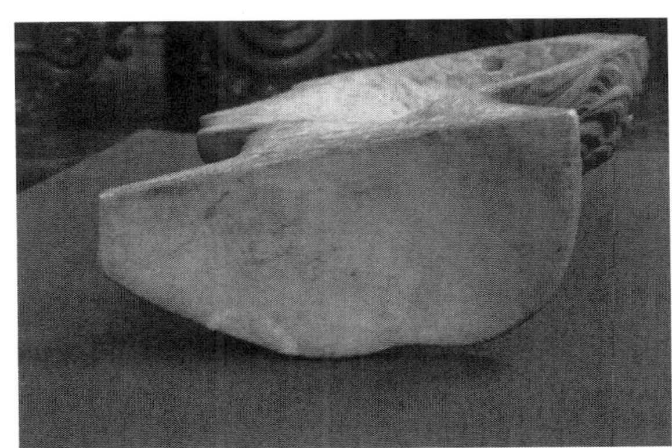

2

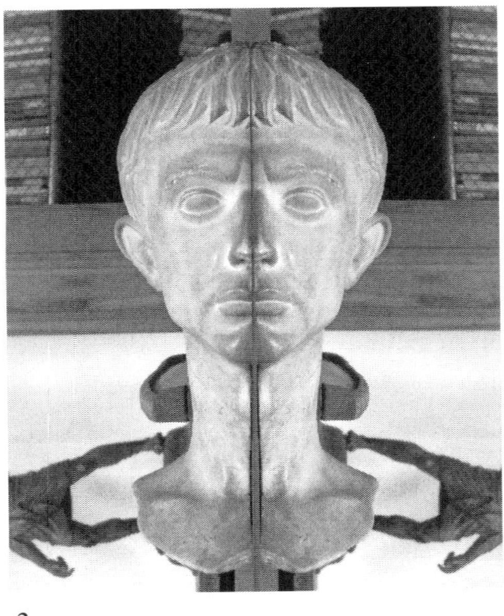

3

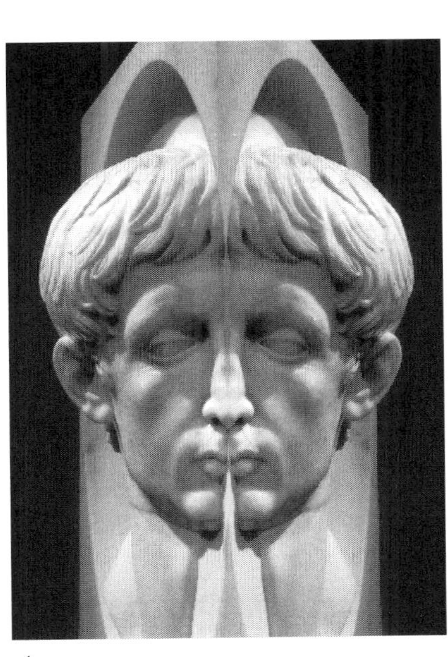

4

1–2 wie Taf. 15, 1–2, Innen- und Unterseite. – 3 wie Taf. 15, 1–2, mit Photomontage vervollständigt (vgl. Anm. 80). – 4 wie Taf. 15, 3, mit Photomontage vervollständigt (vgl. Anm. 89)

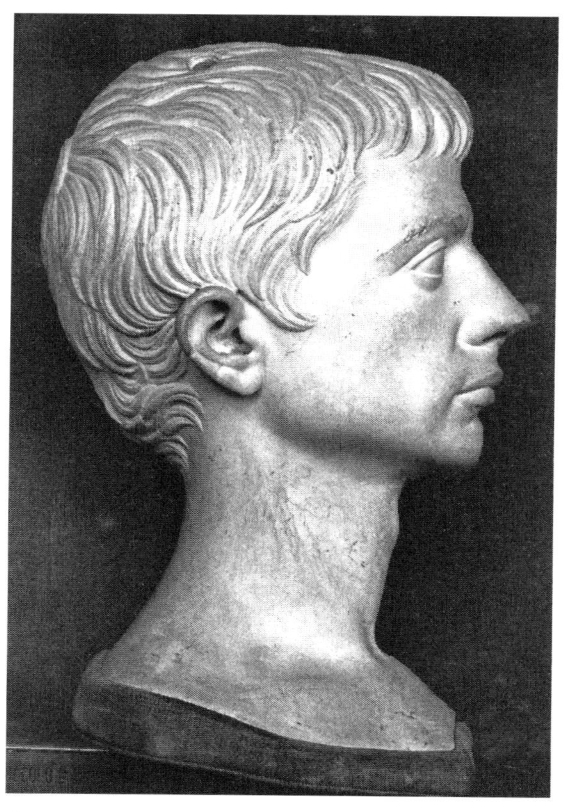

1

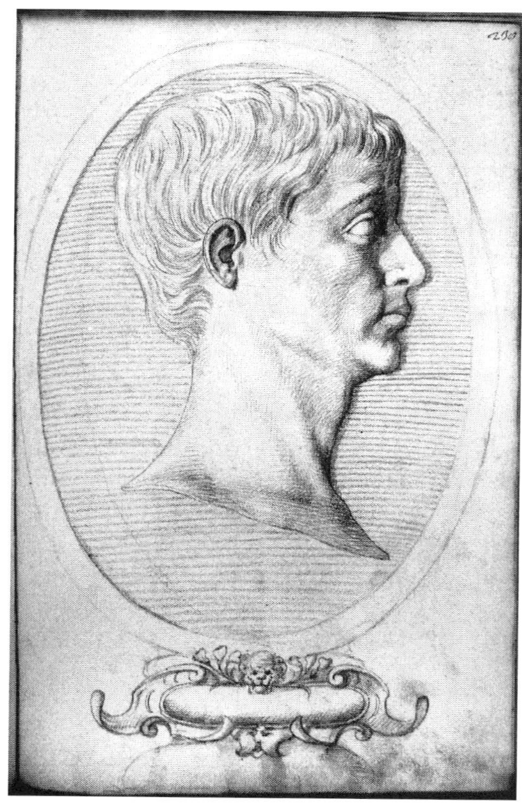

2

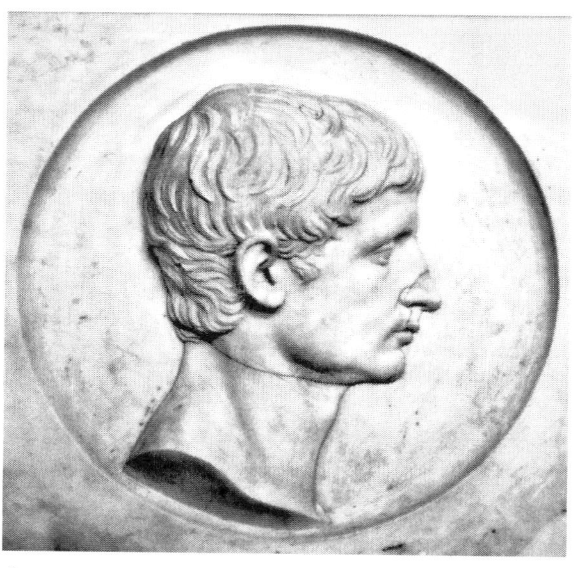

3

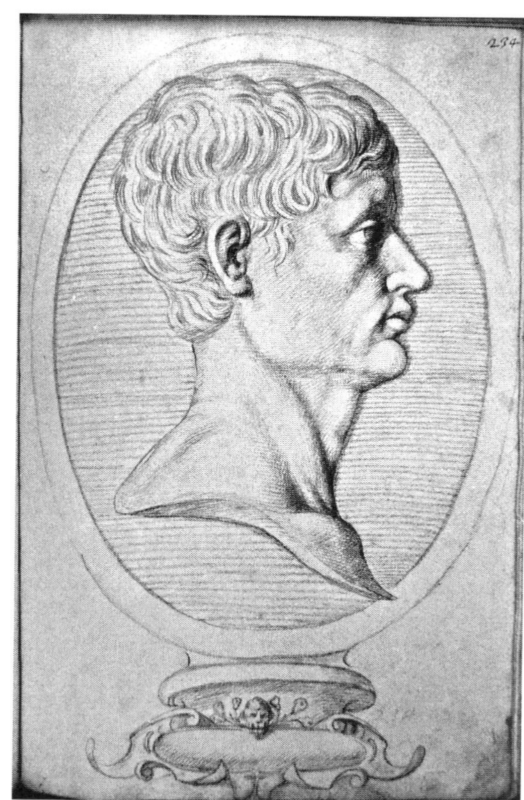

4

1 wie Taf. 15, 1. – 2 Das Profilbildnis Barracco, wiedergegeben auf fol. 238 im Album Montalto (vgl. Anm. 104). – 3 wie Taf. 15, 3. – 4 Das Bildnis des „Augustus-Tondos" Taf. 17, 3, wiedergegeben auf fol. 234 im Album Montalto (vgl. Anm. 104)

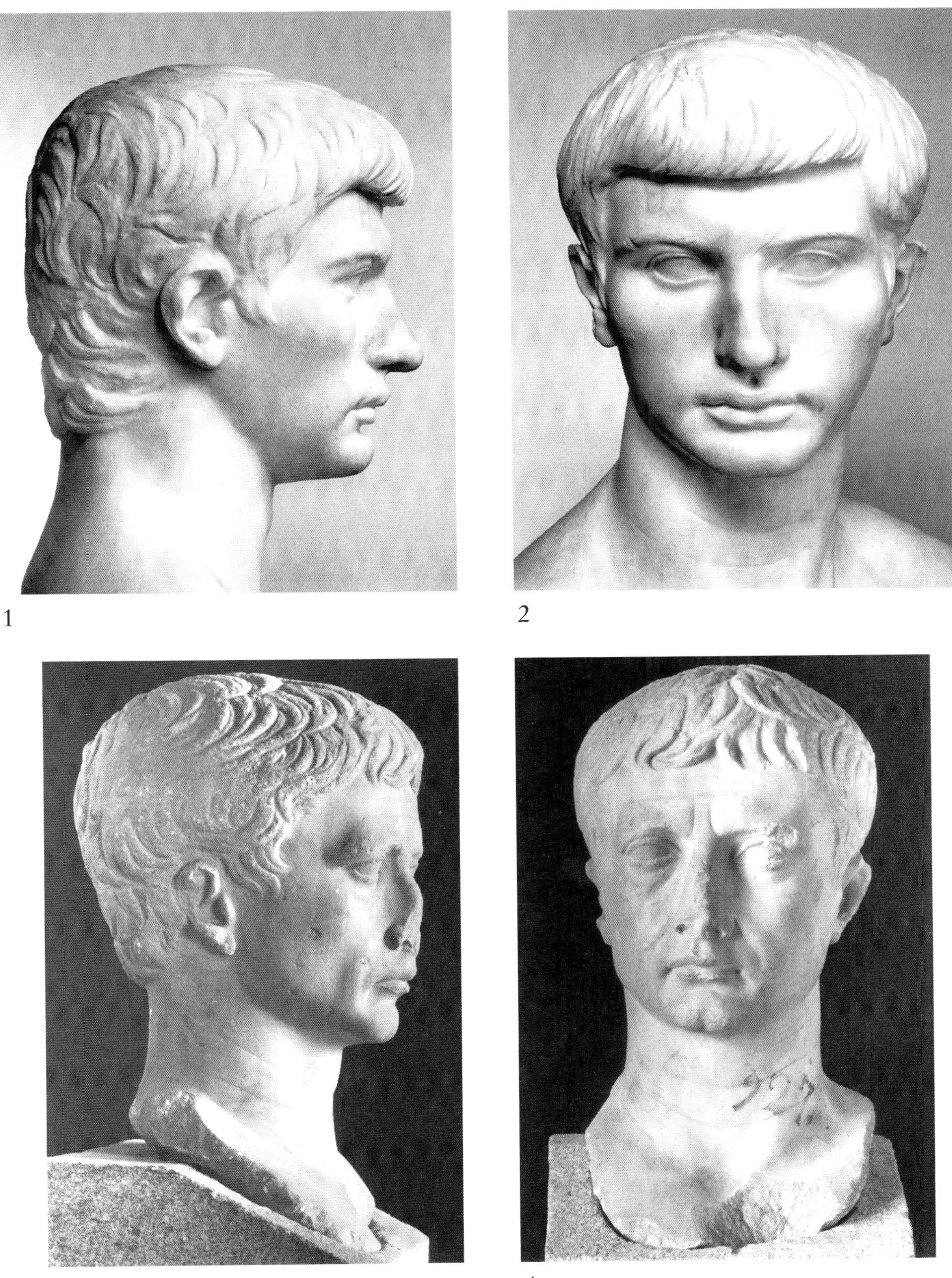

1 2 3 4

1–2 Bildnis des Marcellus, Rom, Museo Capitolino Inv. 745 (vgl. Anm. 92. 93). – 3–4 Bildnis des Augustus, Pontevedra, Museum; Leihgabe des Museo del Prado (vgl. Anm. 91)

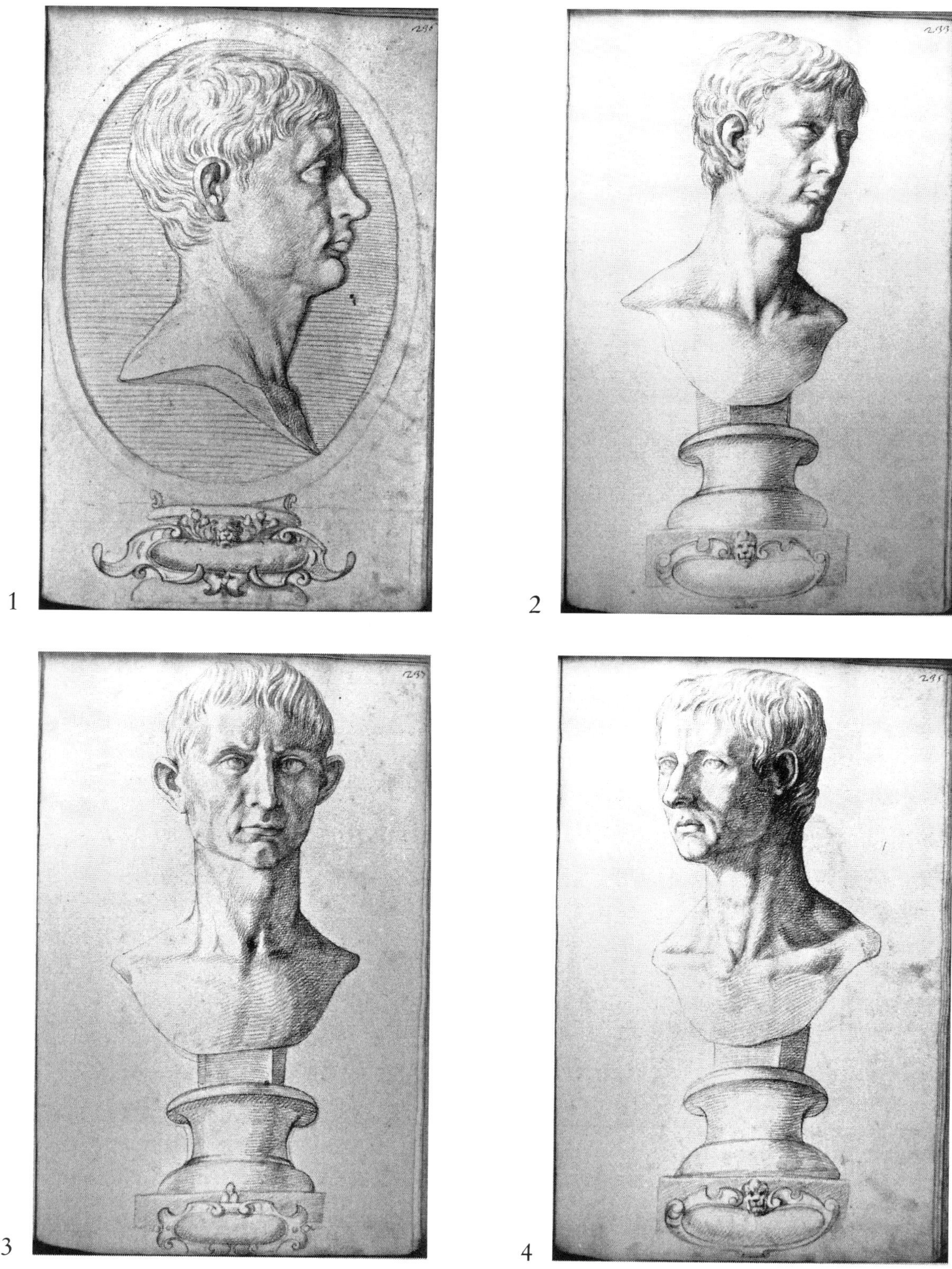

1 Profilbildnis eines Unbekannten, Zeichnung auf fol. 236 im Album Montalto, Vorbild verschollen (vgl. Anm. 105). – 2 Büste des jungen Mannes in Madrid; Zeichnung auf fol. 233 im Album Montalto (vgl. Anm. 115). – 3 Büste des älteren Mannes in Madrid; Zeichnung auf fol. 237 im Album Montalto (vgl. Anm. 115). – 4 Büste eines Unbekannten auf fol. 235 im Album Montalto, Vorbild verschollen (vgl. Anm. 116)

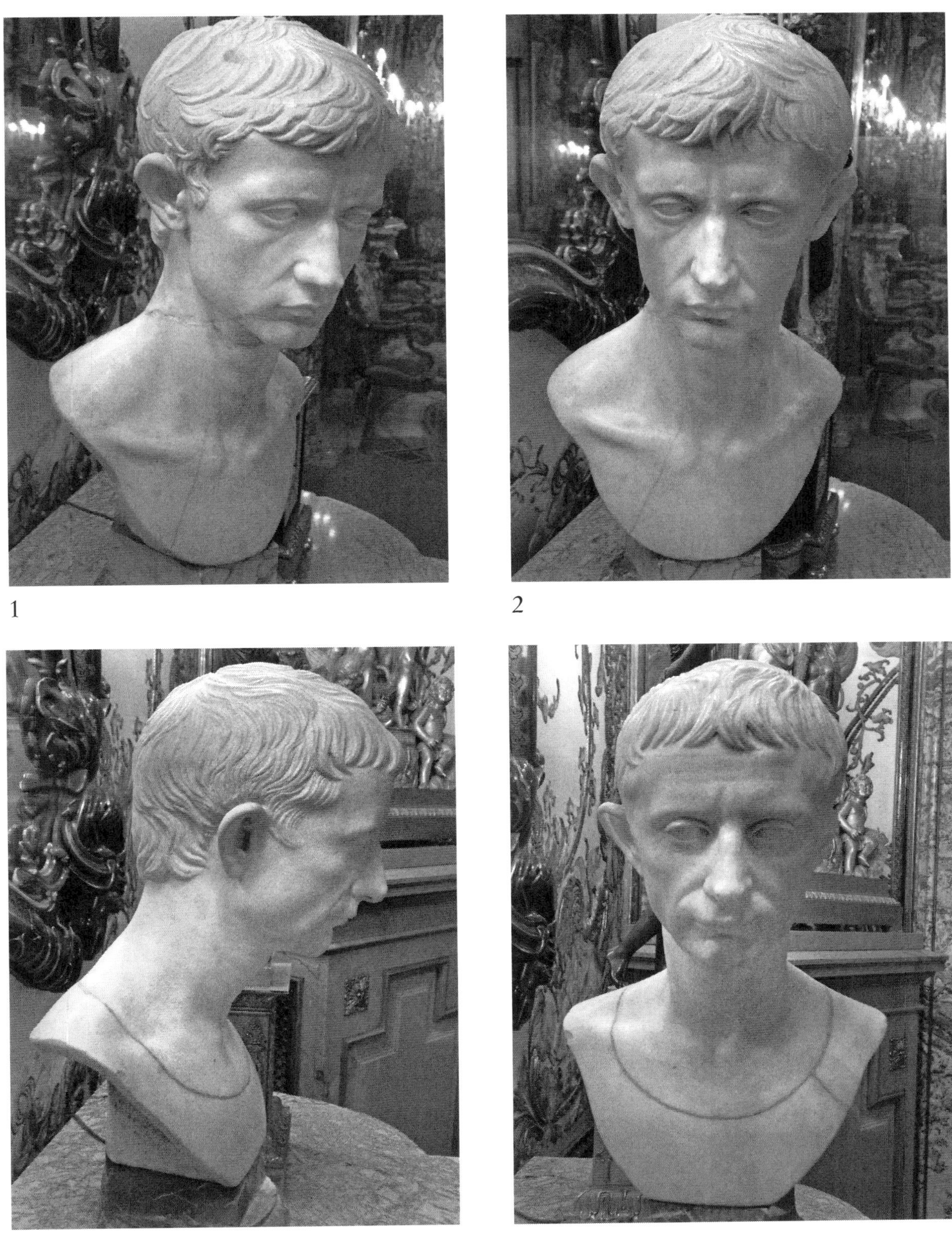

1 2 3 4

1–2 Büste eines jungen Mannes („Lucius Caesar"), aus der Villa Montalto, Madrid, Palacio Real (vgl. Anm. 110). –
3–4 Einsatzbildnis eines älteren Mannes („Gaius Caesar") aus der Villa Montalto, Madrid, Palacio Real (vgl. Anm. 112)

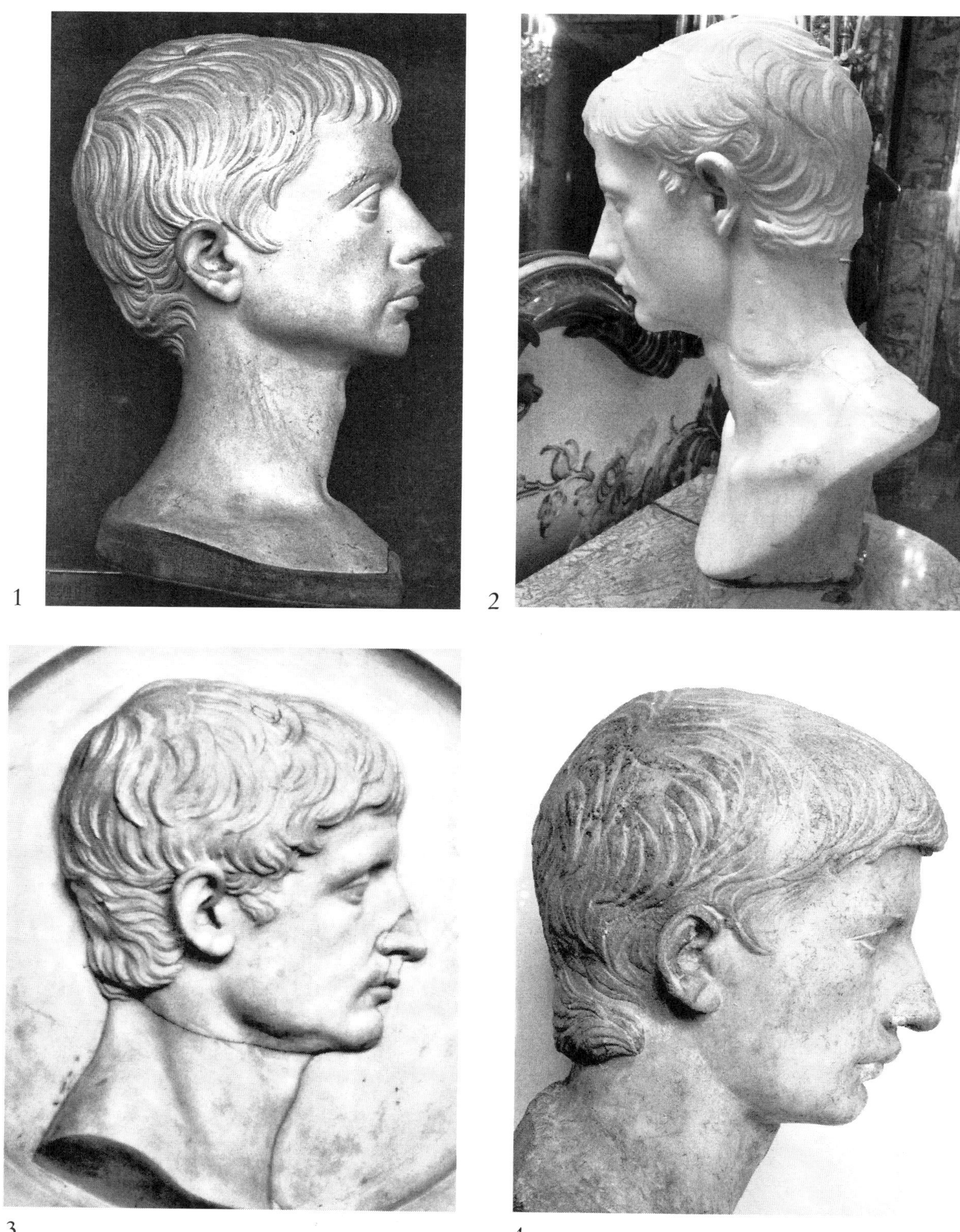

1 wie Taf. 15, 1 (vgl. Anm. 80). – 2 wie Taf. 20, 1–2 (vgl. Anm. 110). – 3 wie Taf. 17, 3 (vgl. Anm. 89). 4 Bildnis des Marcellus aus Pompeji, Replik des Bildnisses im Capitol (Taf. 18, 1–2), Neapel, Museo Archeologico Nazionale Inv. 6025 (vgl. Anm. 123)

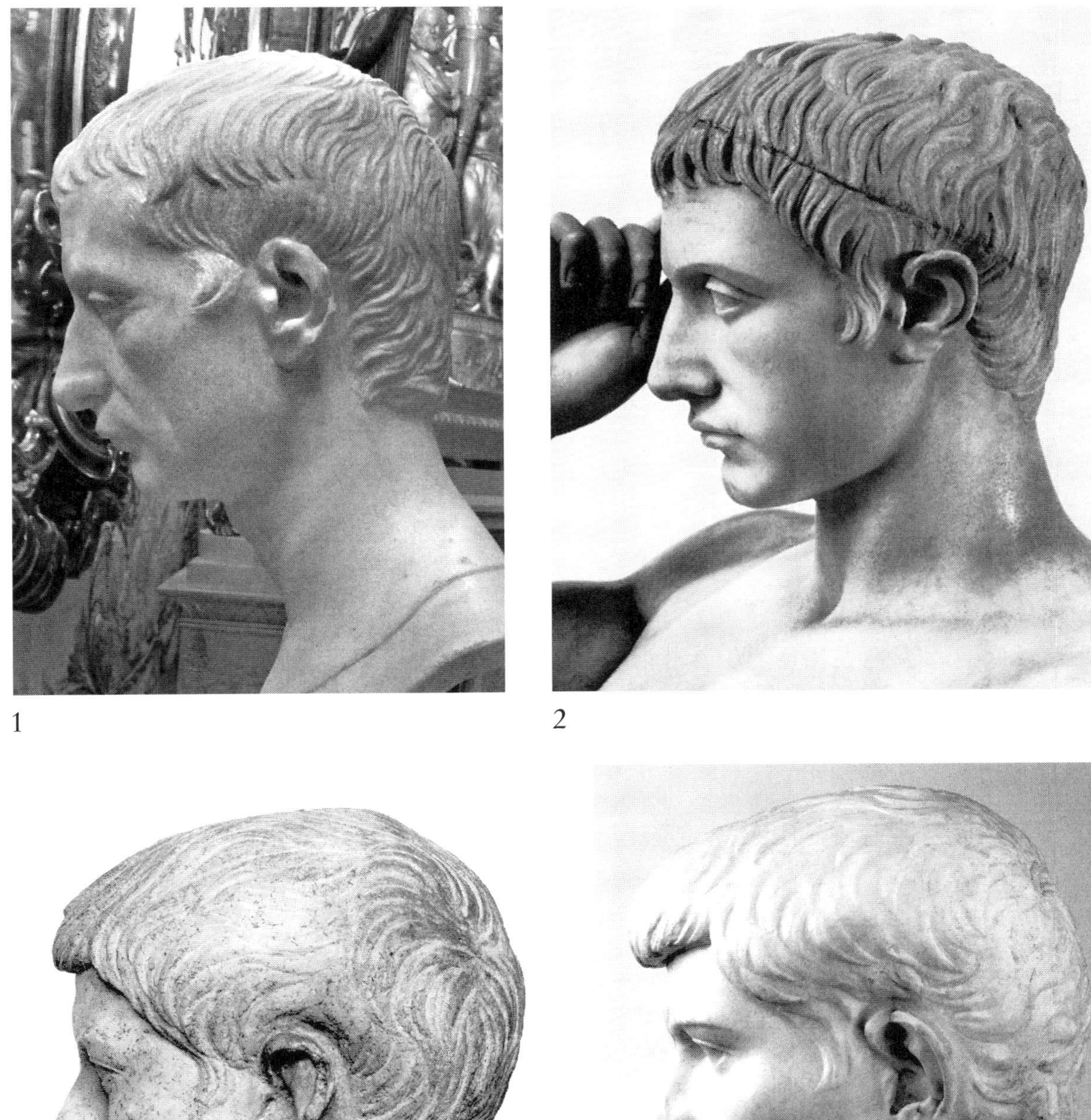

1 wie Taf. 20, 3–4 (vgl. Anm. 112). – 2 Bildnis des sog. Marcellus aus der Villa Montalto, Paris, Musée du Louvre Inv. MA 1207 (vgl. Anm. 119). – 3 wie Taf. 21, 4. – 4 wie Taf. 18, 1–2

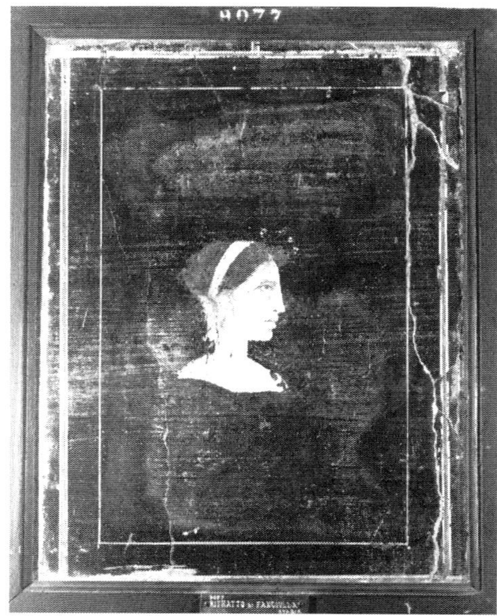

Abb. 3 Frauenporträt aus Herculaneum. Neapel, Museo Nazionale Inv. 90778 (vgl. Anm. 85)

(Taf. 15, 4)[82] eng verwandt. Mir scheint die Ausführung sogar so ähnlich, daß eine Herkunft aus derselben Werkstatt erwogen werden kann[83].

Schon Amelung hat vermutet, daß das Profilbildnis Barracco in der Antike auf einem Medaillon aus dunklem Stein befestigt gewesen sei und wie ein monumentaler Kameo ausgesehen habe. Man darf sich das Aussehen vielleicht in der Art der gemalten Medaillons aus der Villa von Boscotrecase vorstellen (Abb. 4–5)[84]. Noch stärker kommt der Farbkontrast auf einer schwarzen Wand 3. Stils mit dem weißen Bildnis einer Frau aus einem Haus in Herculaneum im Museo Nazionale in Neapel[85] zur Geltung (Abb. 3).

Bereits Studniczka war die Ähnlichkeit des Profilbildnisses Barracco mit dem berühmten Augustus-Tondo in der Berliner Antikensammlung[86] aufgefallen (Taf. 15, 3). Der Tondo besteht aus einem Profilbildnis, das auf einem neuzeitlichen Untergrund befestigt worden ist[87]. Da es von diesem nicht wieder abgenommen werden kann, weiß man nicht, wie die Innenseite aussieht. Es besitzt ebenfalls ein Loch in der Schädeldecke, das jetzt geschlossen ist und mit der ehemaligen Befestigung am Hintergrund zusammenhängen dürfte. Ein solches Loch weist auch das unterlebensgroße Profilbildnis aus Terrakotta im Kerameikos in Athen (Taf. 14, 4–5)[88] auf, das wohl im späten Hellenismus entstanden ist und das bisher früheste Beispiel für die hier behandelte Denkmälergruppe darstellt, wie ebenfalls schon Studniczka gesehen hat.

Mithridates-Kapelle; Kalydon, Heroon). Das haben die Römer übernommen (vgl. Plin. nat. 35, 12–14).

82 Florenz, Uffizien, Inv. 1914.76: Boschung, Bildnisse 112 f. Nr. 10 Taf. 9, 1–4. Auch andere frühaugusteische Repliken lassen sich vergleichen, z. B. die in Alcudia (Boschung 110 Nr. 6 Taf. 7–8) und in Tripolis (Boschung 122 Nr. 31 Taf. 10).

83 Es ist bedauerlich, daß es von dieser qualitätvollsten Replik des „Aktium-Typus" noch immer keine brauchbaren Aufnahmen von allen vier Seiten und in der richtigen Augenhöhe gibt. (Zuletzt wieder – zwar in Farbe, aber von unten – E. Polito, Una statua equestre e gli esordi di Ottaviano, AA 2015, 23 Abb. 9). Da die Statue leider sehr ungünstig aufgestellt ist und für Neuaufnahmen bewegt werden müßte, wird letztlich nur ein Gipsabguß Abhilfe schaffen können, den es aber bisher auch nicht zu geben scheint.

84 New York, Met. Mus. Inv. 20.192.1: M. L. Anderson, The Portrait Medallions of the Imperial Villa at Boscotrecase, AJA 91, 1987, 127–135 Abb. 1–3; P. H. von Blanckenhagen – Ch. Alexander, The Augustan Villa at Boscotrecase (Mainz 1990) 51 f. Taf. 6–7. Es ist noch unentschieden, ob es sich um Götterköpfe (z. B. Apoll und Artemis) oder um Porträts handelt.

85 Neapel, Museo Nazionale Inv. 90778: S. Walker – P. Higgs (Hrsg.), Cleopatra of Egypt. From History to Myth, Kat. Ausst. London 2001, 314 Nr. 325 mit Farbtaf. und der älteren Lit. Der Kopf ist sicher ein Porträt, wegen der Binde vielleicht tatsächlich Kleopatra. – Zu einem ähnlichen Profilbildnis in der Casa del Frutteto in Pompeji vgl. Anderson a. O. 131 Anm. 23 Abb. 5.

86 Berlin, Staatl. Museen, Antikensammlung Sk 1345: Bernoulli, Röm. Ikon. II 1, 176 Nr. 44 („[...] jetzt als verdächtig zurückgestellt"); Amelung, Vat. Kat. II 508 zu Nr. 400 a („in Berlin [...] hat man jetzt [1908] erkannt, daß das Kopf-Fragment unbezweifelbar antik ist"); Studniczka, ABr 1001 S. 1 f. Abb. 1; Blümel, Römische Bildnisse (Berlin 1933) 5 f. Nr. R 10 Taf. 6; G. Rodenwaldt, Kunst um Augustus (Berlin 1942) 27 f. Abb. 14; S. Harksen, Friedrich Wilhelm von Erdmannsdorffs Ankäufe von Skulpturen für Berlin und Potsdam, FuB 18, 1977, 138. 145 Nr. 7 Taf. 33, 4 (Richtigstellung der Provenienz: nicht aus der Sammlung Polignac, sondern Peretti Montalto); S. G. Gröschel, in: S. Hüneke et al. (Hrsg.), Antiken I. Kurfürstliche und königliche Erwerbungen für Schlösser und Gärten Brandenburg-Preussens vom 17. bis zum 19. Jahrhundert (Berlin 2009) 482 f. Nr. 321 mit Abb. und weiterer Lit.; Grassinger, Köpfe 187 Anm. 21 („umgearbeitet aus einem antiken, lebensgroßen Reliefkopf"; Fittschen – Zanker, Katalog IV Anm. 3. 10. 25 zu Nr. 54 Beil. 18 c. 19 c. 20 a

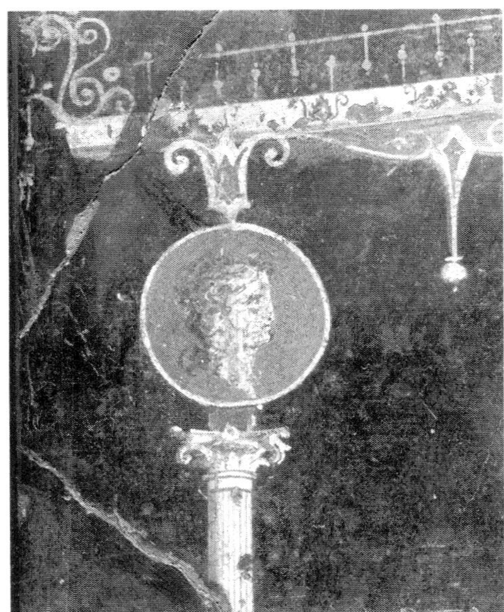

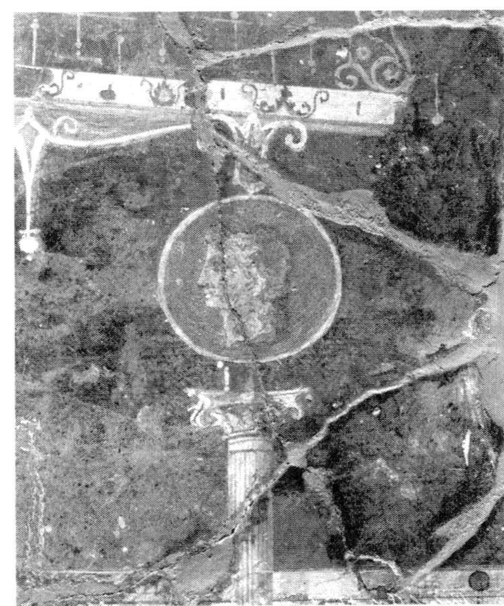

Abb. 4–5 Medaillons mit Porträts (?) aus der Villa von Boscotrecase, New York, Metropolitan Museum Inv. 20.192.1 (vgl. Anm. 84)

Sehr ähnlich ist die Wiedergabe des Haares der beiden Profilbildnisse im Museo Barracco und in Berlin, und zwar sowohl in Bezug auf die Form der Strähnen als auch auf deren Schichtung. Überraschend ähnlich ist sogar der Mund mit der vorstehenden Oberlippe. Zwar ist diese – zusammen mit dem vorderen Teil der Nase – am Berliner Tondo ergänzt, im Folgenden wird aber verständlich, wie diese Form der Ergänzung zustande gekommen sein dürfte.

Wenn man auch das Berliner Tondobildnis durch Spiegelung versuchsweise zu einem vollplastischen Kopf vervollständigt (Taf. 16, 4), ergibt sich eine deutliche Disproportion zwischen

(antik, aber Augustus?); Seidel, Codex 190 Abb. 199; S. Mägele, in: Scholl, Bildnisse 93 f. Nr. 61 mit Abb. (Augustus, wohl antik, aber stark überarbeitet); Fittschen a. O. (Anm. 71) zu Nr. 61.

87 Bei der Erwerbung durch F. W. von Erdmannsdorff für König Friedrich Wilhelm II. 1790 war das Profilbildnis noch auf einem Träger aus «pietra paragone» (= schwarzer „Basalt", Diabas) montiert; die Umrestaurierung auf Marmor ist erst in der Werkstatt Christian Daniel Rauchs erfolgt. Es ist leider nicht mehr feststellbar, ob der schwarze Stein antik war, zumindest teilweise, oder ob es sich im Ganzen um eine Restaurierung des späten 16. oder frühen 17. Jhs. handelte. Zum Funddatum vor 1630 s. Anm. 98.

88 Athen, Kerameikos-Museum, Inv. T 353: Studniczka, ABr 1001 S. 5 Abb. 8–9; B. Schweitzer, Bildniskunst der römischen Republik (Leipzig 1948) 64 Anm. 3 Abb. 58; G. M. A. Richter, Greek Portraits, Collection Latomus 48 (1960) 35 f. Abb. 140. 143; G. Hafner, Das Bildnis des L. Aemilius Paullus, ÖJh 48, 1966/67, 5–15 Abb. 2–3. 5. 8; U. Hausmann, Zum Bildnis des Dichters Theokrit, in: ΣΤΗΛΗ. Τόμος εἰς μνήμην Νικολάου Κοντολέοντος (Athen 1979) 520 Taf. 231 a; B. Vierneisel-Schlörb, Die figürlichen Terrakotten I. Spätmykenisch bis späthellenistisch, Kerameikos 15 (München 1997) 155 f. Nr. 479 Taf. 82, 4–5. Das Profilbildnis muß aus einer Matritze genommen worden sein, wie ein zweites Exemplar, ebenfalls vom Kerameikos, beweist, das jetzt im Athener Nationalmuseum verwahrt wird. Der Dargestellte ist noch nicht identifiziert (Grieche oder Römer?); auch die Datierung ist nicht gesichert, sie wird vielmehr jeweils aus der vorgeschlagenen Benennung erschlossen. – Jutta Stroszeck danke ich für Informationen. – Halbe Köpfe aus Terrakotta gibt es auch unter den Votivköpfen der etruskischen Kunst, worauf ebenfalls schon Studniczka, ABr 1001 S. 3 f. Abb. 5–7 mit vielen Beispielen hingewiesen hat; vgl. auch Cl. Parisi Presicce in: E. La Rocca – Cl. Parisi Presicce – A. Lo Monaco (Hrsg.), Ritratti. Le tante facce del potere, Kat. Ausst. Rom 2011, 125 f. Abb. 4–6. Daß es tatsächlich einen Entwicklungszusammenhang mit den hier behandelten halben Porträtköpfen gibt, scheint mir freilich wegen der unterschiedlichen Verwendung wenig wahrscheinlich.

Schädel und Untergesicht[89]. Auch dieses Profilbildnis war also nie ein rundplastisches Porträt; noch stärker als das Bildnis Barracco ist es auf Unteransicht berechnet. Das kann man auch am Original schnell erkennen, wenn man erst einmal auf dieses Phänomen aufmerksam geworden ist. Es ist natürlich ein Aspekt, der bei der Frage nach der Echtheit des Kopfes Beachtung verdient. Denn, wie bekannt, ist auch das Berliner Tondobildnis in seinem antiken Ursprung immer wieder angezweifelt worden, ein Verdacht, der dann automatisch auf das Bildnis Barracco übertragen worden ist, zuletzt von Dietrich Boschung. Um der Sache willen muß seine Beweisführung hier kurz dargestellt werden:

Boschung hält beide Profilbildnisse für italienische Arbeiten des frühen 17. Jhs., und zwar von derselben Hand[90]. Dem Berliner Tondo (Taf. 17,3) habe das Augustusbildnis in Pontevedra in Spanien (Taf. 18,3–4)[91] als Vorbild gedient, dem Profilbildnis Barracco (Taf. 17,1) der Kopf eines jungen Mannes im Museo Capitolino[92], in dem vermutlich der Augustusneffe Marcellus zu erkennen ist (Taf. 18,1–2)[93]. Marcellus trägt sein Haar nach einer Mode, die im 1. Jh. v. Chr. sehr beliebt war: das Haar springt über der Stirn wie ein Schirm vor. Das ist beim Kopf Barracco gerade nicht der Fall. Auch in Bezug auf die Haarsträhnen gibt es keine motivischen Übereinstimmungen. Die nicht zu leugnende Ähnlichkeit in der Mundbildung wird gleich noch einmal zur Sprache kommen; sie ist natürlich kein Kriterium für einen Fälschungsverdacht.

Auch zwischen dem Berliner Tondobildnis und dem Augustus in Pontevedra kann ich keine Gemeinsamkeiten entdecken, aus denen sich ein Abhängigkeitsverhältnis herleiten ließe. Boschung nimmt an, daß das Augustusbildnis in Pontevedra aus dem Besitz der Christina von Schweden stamme, sich also einmal in Italien befunden habe. Aber einerseits ist das aus den Quellen nicht erweisbar[94], andererseits ist das wegen der nicht ergänzten Nase sogar ganz unwahrscheinlich: Die Skulpturen der Sammlung der Christina, die jetzt in Madrid aufbewahrt werden, sind natürlich alle ergänzt, wie das damals üblich war. Ich glaube also, daß man die These von Boschung getrost zu den Akten legen kann.

Zwar ist richtig, daß das Berliner Bildnis keinem der Bildnistypen des Augustus genau entspricht[95], das beweist aber keineswegs, daß es sich um eine Fälschung (oder verfälschende Umarbeitung) handeln müsse, denn es könnte ja sein, daß eine ganz andere Person dargestellt ist. Es scheint mir symptomatisch, daß dieser Schluß bisher meines Wissens nie gezogen worden ist. Ich habe diese Frage im Capitol-Katalog wenigstens in einer Anmerkung angeschnitten, bisher aber ohne Reaktion[96]. Das ist der eigentliche Anlaß, das Thema hier ausführlicher zu behandeln.

Denn es gibt zwischen den Bildnissen Berlin und Barracco noch eine weitere Gemeinsamkeit, die Studniczka noch nicht kennen konnte: Sie stammen beide aus derselben Antikensammlung, nämlich der Sammlung Peretti Montalto (– Negroni – Massimo).

Diese Sammlung, eine der großen Antikensammlungen im Rom des 17. und 18. Jhs., wurde vom Kardinal Felice Peretti Montalto, dem späteren Papst Sixtus V. (1585–1590, Kardinal seit 1570) begründet. Sie befand sich bis zu ihrem Ausverkauf am Ende des 18. Jhs. in der Villa Peretti

89 Das war auch schon Bernoulli, Röm. Ikon. II 1, 176 zu Nr. 44 aufgefallen, doch hat ihn das in seinem Verdacht gegen das Stück eher bestärkt.

90 Boschung, Bildnisse 199 zu Nr. 234*.

91 Pontevedra, Museum, Leihgabe des Museo del Prado: Boschung a. O. 172 f. Nr. 155 Taf. 154,2–4.

92 Rom, Museo Capitolino, Inv. 745: Boschung a. O. 199 zu Nr. 234*.

93 Rom, Museo Capitolino, Inv. 745: Fittschen – Zanker, Katalog I 19–21 Nr. 19 Taf. 19. Die Identifizierung beruht vor allem auf dem Fundort der Replik in Pompeji (s. Anm. 122).

94 Zur Sammlung der Christina von Schweden, die 1692 in den Besitz von Livio Odescalchi gelangte, bevor sie 1724 an König Philipp V. von Spanien verkauft wurde, vgl. St. Walker, The Sculpture Gallery of Prince Livio Odescalchi, Journal of the History of Collections 6, 1994, 189–219 mit Abdruck des zwischen 1699 und 1721 abgefaßten Inventars der Sammlung.

95 Das mußten alle, die sich mit diesem Bildwerk befaßt haben, einräumen, doch sind daraus zu einfache Schlußfolgerungen gezogen worden: zwar Augustus, aber entweder „Altersbildnis“ oder „postum“ oder „überarbeitet“ oder eben „modern“.

96 Fittschen – Zanker, Katalog IV 65 Anm. 25 zu Nr. 54. – Ich finde es schade, daß S. Mägele a. O. (Anm. 86) diese Frage nicht wenigstens aufgegriffen, sondern nur die alten Ansichten fortgeschrieben hat.

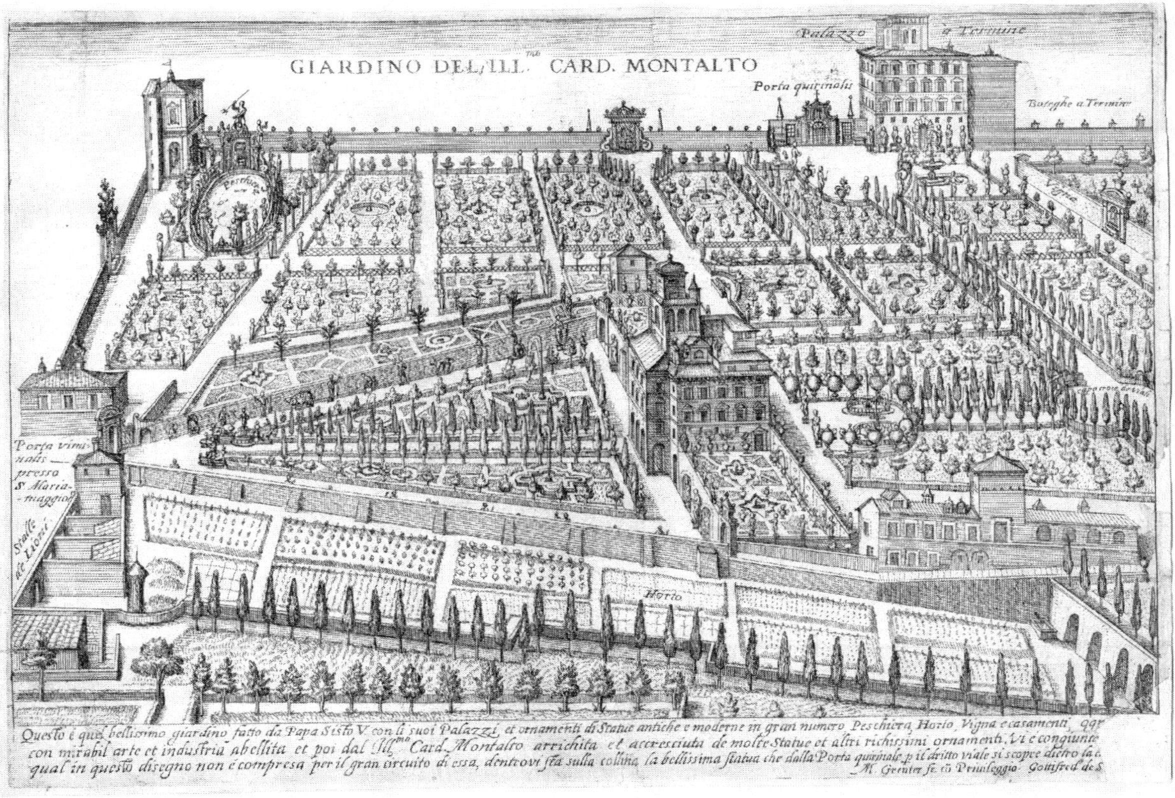

Abb. 6 Rom, Villa Montalto, nach einem Stich von Matteo Greuter (um 1623). Von dem herrschaftlichen Anwesen mit seiner bedeutenden Antikensammlung ist heute nichts mehr zu sehen (vgl. Anm. 97).

Montalto, die zwischen der Kirche S. Maria Maggiore und der heutigen Stazione Termini lag und die früheste der großen städtischen Villen in Rom war (Abb. 6–7)[97]. Ihre vollständige Zerstörung im Verlauf des 19. Jhs. gehört zu den großen Verlusten, die die Stadt Rom durch die Entwicklung der Eisenbahn und die Erhebung zur Hauptstadt Italiens erleiden mußte.

Die Zugehörigkeit der beiden Bildnisse zu dieser Sammlung läßt sich mit Hilfe des erhaltenen Inventars, das in den Jahren 1623–1631 angelegt worden ist[98], leider nicht erweisen. Dieses Inventar führt zwar eine Reihe von Köpfen in ovalen Medaillons auf schwarzem Grund auf, doch sind die Angaben nicht genauer spezifiziert, so daß sie keine Identifizierung erlauben. Die Medaillons befanden sich vor allem in dem Palazzo a termine[99], der auf den Außenmauern der Thermen Kaiser Diocletians errichtet worden war (Abb. 6).

97 Zur Entstehungsgeschichte der Villa vgl. M. Quast, Die Villa Montalto in Rom (München 1991) mit reicher Dokumentation zeitgenössischer Stiche und Karten. Vom Aussehen der Villa gibt besonders ein Stich von Matteo Greuter von ca. 1623 eine gute Anschauung: vgl. Rausa, Album 97 Abb. 1; Seidel, Codex 367 Abb. 23; hier Abb. 6.

98 Dieses Inventar ist vollständig abgedruckt bei Barberini, Villa 15–55. Diese Arbeit ist noch vor Bekanntwerden des Albums Montalto abgefaßt worden. Zur Datierung des Inventars vgl. Seidel, Codex 45–48.

99 Vgl. Barberini, Villa 22 und 25; eigens genannt werden die ovale Form und der schwarze Grund. Zwei Rundmedaillons waren mit den Bildnissen Neros und Alexanders versehen. Auch im Casino Fede, dem Zentralgebäude der Villa, gab es Tondi, eines mit dem Bildnis Hadrians, ein anderes mit der Figur eines Amors (a. O. 47). Die Tondi waren offensichtlich nicht in Wände eingelassen (wie in Farnborough

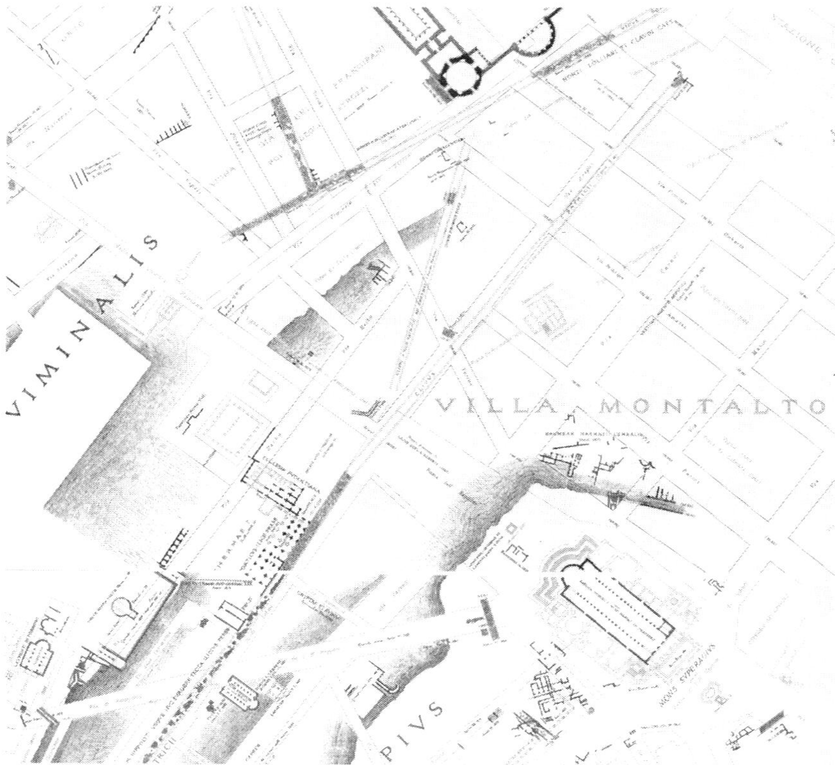

Abb. 7 Rom, Esquilin. Photomontage der Blätter 17 und 23 aus dem Nachdruck (1990) von Rodolfo Lancianis monumentaler „Forma Vrbis Romae" (1893–1901). Das Areal der Villa Montalto mit den Durchbrüchen für die neuen Straßen Via Sistina und Via Panisperna (vgl. Anm. 127–129)

Die Identifizierung wird aber durch das etwa gleichzeitig entstandene „Album Montalto" ermöglicht. Das Album Montalto[100] enthält auf 278 Blättern Zeichnungen der Skulpturen der Sammlung. Der Zeichner konnte noch nicht sicher identifiziert werden. Das Album ist erst bekannt geworden, als es 1996 bei Sotheby's in London zum Verkauf angeboten war. Es ist danach wieder in Privatbesitz verschwunden[101]. Inzwischen sind die Zeichnungen des Albums von der Kunsthistorikerin Anna Seidel vollständig publiziert worden[102]. Durch Anna Seidel habe ich die Zeichnungen, um die es im Folgenden geht, zuerst kennengelernt[103].

Zwei Zeichnungen[104] geben die beiden Profilbildnisse in gerahmten Ovalen wieder (Taf. 17, 2 und 4). Daß es sich um diese beiden Stücke handelt, ist

Hall, Abb. 1), sondern waren – wie es auch die Zeichnungen im Album Montalto zeigen (s. u.) – wie rundplastische Büsten gesockelt und frei aufgestellt.

100 Dieses einzigartige Dokument ist zuerst von F. Rausa, Album 97 vorgestellt worden, der offensichtlich auch die endgültige Publikation geplant hatte (a. O. 126 Anm. 8).

101 Der Name des gegenwärtigen Besitzers wird nirgends genannt; das gilt auch für den des Vorbesitzers.

102 Vgl. Seidel, Codex 93–202 mit Abb. auf S. 289–356; dort auch ausführlich zur Sammlungs- und Wirkungsgeschichte (5–41).

103 Und zwar als ich schon eine erste Version des Textes zum 4. Band des Capitol-Kataloges verfaßt hatte (vgl. Fittschen – Zanker, Katalog IV 64 Anm. 1 zu Nr. 54); noch vor dem Erscheinen des Buches von Anna Seidel hatte ich 2014 die Möglichkeit, die im Warburg Institut in London verwahrten Photographien des Album Montalto zu studieren; damals konnten von Ursula Zehm die hier abgebildeten Aufnahmen angefertigt werden.

104 Seidel, Codex 190 f. fol. 238 (zu Barracco) und fol. 234 (zu Berlin); daß die letztere Zeichnung den Berliner Tondo wiedergibt, wurde schon von Rausa, Album 116 f. bemerkt, der den Tondo allerdings mit

an der detaillierten Wiedergabe der Haarsträhnen zu erkennen. Das Berliner Bildnis ist erst in Berlin mit einem neuen Hintergrund in runder From versehen worden. Wann das Bildnis Barracco von seinem ovalen Hintergrund abgenommen worden ist, ist unbekannt. Deshalb kann die Frage, woraus dieser Hintergrund bestand und ob er vielleicht sogar – wenigstens in Teilen – antik war, nicht beantwortet werden.

Es gibt im Album Montalto noch die Zeichnung eines dritten Ovaltondos (Taf. 19, 1)[105]. Das Bildnis dieses Tondos ist der Zeichnung des Berliner Tondos zwar sehr ähnlich, die abweichende Nase und Unterschiede in der Strähnenführung[106] legen aber die Vermutung nahe, daß es sich tatsächlich um ein anderes, drittes Profilbildnis handelt[107]. Dafür spricht auch, daß es im Album Montalto Dubletten sonst nicht gibt. Dieses dritte Reliefbildnis muß also vorerst als verschollen gelten. Das ist leider kein Einzelfall. Auch ein viertes Ovalbildnis im Album Montalto[108], das offenbar Agrippa zeigt und nach dem Stil nicht zu den drei anderen Tondi gehört, ist bisher nicht wieder aufgetaucht[109].

Da nun feststeht, daß die beiden Profilbildnisse Berlin – Barracco zur selben Sammlung gehörten, wird verständlich, warum sie in Bezug auf den Mund so ähnlich sind: das Berliner Bildnis ist nach dem Vorbild des besser erhaltenen Bildnisses Barracco ergänzt worden (Taf. 15, 1. 3).

Bereits Anton Hekler hat bemerkt, daß der Kopf einer Büste, die im Palazzo Real in Madrid aufbewahrt wird (Taf. 20, 1–2)[110], dem Profilbildnis Barracco sehr ähnlich ist, und er hat diese beiden Porträts in seinem 1912 erschienenen Bilderbuch „Bildniskunst der Griechen und Römer" sogar nebeneinander abgebildet[111]. Die Ähnlichkeit ist in der Tat erstaunlich und betrifft nicht nur den Stil der Haarwiedergabe und die Frisur, sondern auch physiognomische Merkmale, vor allem den Mund mit der vorgeschobenen Oberlippe. Um Repliken handelt es sich aber keinesfalls. Neben dieser eher jugendlich wirkenden Büste gibt es im selben Palazzo in Madrid noch eine zweite Büste mit dem Bildnis eines Mannes mit reiferen Zügen (Taf. 20, 3–4)[112]. Auch dieser Kopf ist in Bezug auf Stil und Physiognomie mit dem Bildnis Barracco

Boschung, Bildnisse 199 zu Nr. 234* für eine Arbeit des 17. Jhs. hält.

105 Seidel, Codex 191 fol. 236.

106 Vgl. vor allem die Streichrichtung der Haare auf der rechten Schläfe und hinter dem rechten Ohr.

107 Seidel, Codex 191 vermutet, daß die Zeichnung eine neuzeitliche Kopie des Berliner Tondos wiedergebe; dafür sind die Abweichungen aber doch zu auffällig, und im übrigen: was hätte ein Motiv für die Herstellung einer solchen Kopie in der Sammlung Montalto sein können? – Neuzeitliche Kopien von Medaillonbildnissen in der Villa Montalto hat es allerdings tatsächlich gegeben. Jörg Deterling verdanke ich den Hinweis auf eine Kopie des Medaillonbildnisses in Berlin im Kunsthandel, ehemals in Cobham Hall (Rochester/Kent), die entstanden sein muß, bevor der Hintergrund des Berliner Tondos in Berlin verändert worden ist: Sotheby's London, Auktion 22./23. 7. 1996, Nr. 407.

108 Seidel, Codex 189 fol. 231; sie glaubt, daß Nero gemeint und mit dem in Anm. 98 genannten Bildnis identisch sei. Dieses Bildnis befand sich aber auf einer „medaglia tonda".

109 Wie man bei Seidel leicht feststellen kann, ist eine große Anzahl der Skulpturen im Album Montalto noch nicht identifiziert. Der wohl spektakulärste Fall scheint mir die Büste der Faustina minor im 1. Bildnistypus (Seidel, Codex 198 fol. 229), die der berühmten Büste im Capitol zum Verwechseln ähnlich ist, aber keinesfalls nach dieser (erst um 1748 gefundenen) Replik kopiert worden sein kann. Man fragt sich, wie ein solches Meisterwerk verschollen ging.

110 Madrid, Palacio Real, Inv. 1000 3039 („Lucius Caesar"): F. Johnson, Gaius and Lucius Caesar?, AJA 45, 1941, 603–609 Abb. 3–4; Fittschen – Zanker, Katalog IV 65 Anm. 24 zu Nr. 54 Beil. 19a–b. d; 20c. – Stephan Schröder hat diese Büste und ihr Gegenstück für mich photographiert und die Abbildungserlaubnis erwirkt, wofür ihm auch hier herzlich gedankt sei.

111 Vgl. A. Hekler, Bildniskunst der Griechen und Römer (Stuttgart 1912) Taf. 188 a–b; die Büste Madrid ist dort nach einem im 2. Weltkrieg zerstörten Gipsabguß in München abgebildet.

112 Madrid, Palacio Real, Inv. 1000 3038 („Gaius Caesar"): Johnson a. O. (Anm. 110) 603–609 Abb. 1–2; Fittschen – Zanker, Katalog IV 65 Anm. 24 zu Nr. 54 Beil. 18 a–b. d; 20 b. Die Ähnlichkeit zwischen den beiden Madrider Bildnissen einerseits und denen des Augustus andererseits war auch schon Bernoulli, Röm. Ikon. II 1, 134 aufgefallen. Wie man dem in Anm. 74 erwähnten Brief des Th. Jenkins vom 20. Januar 1787 entnehmen kann, geht die Benennung der beiden Madrider Büsten auf Ennio Quirino Visconti (1751–1818) zurück. In Bezug auf die Frisur zeigt das Bildnis des „Gaius Caesar" die deutlichsten Anklänge an das Stirnhaar-System der Augustus-Bildnisse, die magere Physiognomie erinnert dagegen eher an die Bildnisse Caesars.

eng verwandt. Es handelt sich um einen Einsatzkopf, der in eine neuzeitliche Büste eingelassen ist[113]. Aus der runden Form des antiken Büstenausschnitts darf man schließen, daß er in der Antike in einer Togastatue gesessen hat.

Obwohl das Haar beider Büstenbildnisse sehr ähnlich gestaltet ist, könnte es sein, daß die Büste des Jüngeren (Taf. 20, 1–2) etwas später, erst in nachaugusteischer Zeit entstanden ist, da die Büstenform Büsten aus tiberischer Zeit entspricht[114]. Wegen der identischen Haargestaltung müßte es sich um die getreue Kopie eines älteren, frühaugusteischen Vorbildes handeln.

Auch diese beiden Büsten standen einmal in der Sammlung Peretti Montalto, wie sich wiederum aus den Zeichnungen im Album Montalto ergibt (Taf. 19, 2–3)[115].

Es gab in der Sammlung Peretti Montalto noch eine dritte Büste (Taf. 19, 4)[116], die den beiden anderen sehr ähnlich ist, wegen Abweichungen in der Führung der Haarsträhnen aber nicht die Replik einer der beiden anderen sein kann, sondern eine andere, dritte Person wiedergibt[117]. Auch diese Büste ist leider verschollen, die Zeichnung ist das bisher einzige Zeugnis[118].

Schließlich muß hier die bekannte Statue des sogenannten Marcellus von der Hand des attischen Bildhauers Kleomenes[119] im Pariser Musée du Louvre angeführt werden, die, wie man schon seit langem wußte, ehemals auch zur Sammlung Montalto gehörte[120] und die ebenfalls schon von Studniczka mit den beiden Profilbildnissen Berlin und Barracco verglichen worden ist[121]. Nach ihrem Stil stammt auch sie sicher aus frühaugusteischer Zeit (Taf. 22, 2). Die Ausarbeitung der Haarsträhnen ist zwar nicht so detailliert, das in die Stirn fallende Haar und die langgezogenen Strähnen auf der Kalotte folgen aber demselben Muster. Wieder zeigt der Mund eine Form, die der am Bildnis Barracco und den beiden Büsten in Madrid ähnlich ist.

Wir haben also: drei Profilbildnisse, zwei Büsten, eine Einsatzbüste für eine Statue und eine

113 Diese Maßnahme scheint erst im 18. Jh. erfolgt zu sein, denn die Büstenstütze zeigt die gerundete Oberfläche, die typisch ist für Arbeiten dieser Zeit (vgl. dazu K. Fittschen, Lesefrüchte III, Boreas 34, 2011, 165–168 Taf. 55, 5–6 mit weiteren Belegen); die jetzige Büste hätte dann eine ähnliche ältere, aber ebenfalls nachantike ersetzt.

114 Vgl. z. B. eine Büste des jüngeren Drusus in Erbach: K. Fittschen, Katalog der antiken Skulpturen in Schloß Erbach (Berlin 1977) 45 f. Nr. 14 Taf. 15, 2 und Anm. 6 mit weiteren Belegen. Freilich enthält die Entwicklung der Büstenformen in der frühen Kaiserzeit noch so viele Unklarheiten, daß diese Datierung vielleicht nicht zwingend ist.

115 Seidel, Codex 191 fol. 237 (zum „Gaius Caesar") und 190 fol. 233 (zum „Lucius Caesar"). Die letztere Zeichnung zeigt eine vom Vorbild abweichende Kopfwendung, die schwer zu erklären ist. Vielleicht konnte der Zeichner die Büste nur schräg von der Seite betrachten.

116 Seidel, Codex 191 fol. 235.

117 Die Anordnung der Stirnhaare ist der an der Büste fol. 237 sehr ähnlich, und man könnte erwägen, eher fol. 235 mit der Büste des „Gaius Caesar" zu verbinden; die unterschiedlich ausgerichtete Locke vor dem linken Ohr und die sich deutlich abzeichnenden Schlüsselbeine an der Büste sprechen aber doch wohl eher für die hier vorgeschlagene Lösung.

118 Vielleicht hat gerade diese Ähnlichkeit verhindert, daß sie mit den beiden anderen zusammengeblieben ist. Welcher Sammler erwirbt schon gern „Dubletten"?

119 Paris, Louvre, MA 1207: K. de Kersauson, Catalogue des portraits romains I (Paris 1986) 46 f. Nr. 18 mit Abb. und der älteren Lit.; vgl. ferner S. Kansteiner, in: Der Neue Overbeck V (2014) 471 Nr. 4081 mit Abb. und weiterer Lit.; Seidel, Codex 177–179 Abb. 184 zu fol. 200. – Die Statue war schon 1684 an Ludwig XIV. verkauft worden.

120 Seidel, Codex 177–179 fol. 200; die Zeichnung ist zum ersten Mal bekannt gemacht worden durch Rausa, Album 100 Abb. 2; im Inventar der Sammlung Peretti Montalto ist die Statue als „Statua creduta d'Augusto nudo con una cascata d'un panno ad un braccionale" beschrieben, vgl. Barberini, Villa 23; sie stand damals im Piano nobile des Palazzo a termini, zusammen mit der Statue des „Cincinnatus" (des Sandalenbinders des Lysipp), die ebenfalls von Ludwig XIV. erworben worden ist. Das genaue Funddatum des „Marcellus" ist zwar nicht bekannt, doch spricht nichts gegen die Annahme, daß diese Statue schon zum Kernbestand der Sammlung des Kardinals Peretti Montalto gehört hat. Die Vorbehalte von Ch. Vorster, Κλεομένης Απολλοδώρου Ἀθηναῖος. Spurensuche nach einem Phantom, in: D. Pandermalis – M. Tiverios – E. Voutiras (Hrsg.), Ἄγαλμα. Μελέτες για την αρχαία πλαστική προς τιμήν του Γιώργου Δεσπίνη (Thessaloniki 2001) 400 Anm. 62 sind durch das Album Montalto jedenfalls hinfällig. – In Bezug auf die Fundsituation ist bemerkenswert, daß sogar die separat gearbeitete Schädelkalotte gefunden und wieder aufgesetzt werden konnte; der Fundplatz war also offensichtlich nicht gestört worden.

komplette Statue, die alle in frühaugusteischer Zeit entstanden sind oder zumindest auf Vorbilder dieser Zeit zurückgeführt werden können, die darüber hinaus ein physiognomisches Merkmal aufweisen, das offenbar „Familienähnlichkeit" andeuten sollte[122]. Man könnte erwägen, auch Bildnisse des Marcellus wegen der Mundbildung hier mit einzubeziehen (Taf. 21, 4 und 22, 3 die stilistisch früheste Replik aus Pompeji[123], Taf. 22, 4 die schon erwähnte Replik im Museo Capitolino[124]), doch mag man bezweifeln, ob eine derartige physiognomische Übereinstimmung ein verläßliches Beweismittel darstellt.

Daß diese sieben Bildwerke sich einmal in derselben Sammlung befunden haben, kann m. E. kein Zufall sein. Ich nehme vielmehr an, daß sie auch zusammen gefunden worden sind. Leider gibt es bisher keinerlei Hinweise auf den möglich Fundort. Doch ist es wohl erlaubt, darüber einige Überlegungen anzustellen.

Wegen der insgesamt vorzüglichen Erhaltung der sieben Skulpturen müssen sie an einem Ort aufgestellt gewesen sein, der vor Zerstörungen und Plünderungen geschützt war. Diese Bedingung war in extraurbanen Villen oder Gräbern sicher gegeben. Aber auch in Rom selbst sind – entgegen allen Erwartungen – viele nahezu intakt erhaltene Skulpturen ausgegraben worden. Das beste Beispiel ist der Apoll im Belvedere. Bisher nahm man an, daß er außerhalb Roms, vielleicht in einer Villa bei Grottaferrata[125], gefunden worden sei. Inzwischen steht fest, daß er in Rom zu Tage gekommen ist, und zwar in der Vigna der Nonnen von S. Lorenzo in Panisperna, wohl im Jahre 1489[126]. Diese Vigna liegt in unmittelbarer Nachbarschaft der rund einhundert Jahre später entstandenen Villa Peretti Montalto (Abb. 7)[127]. An dieser Vigna entlang (oder durch sie hindurch) hat Sixtus V. seit 1587 seine große Straßenachse schlagen lassen, wobei es gar nicht ausbleiben konnte, auf antike Skulpturen zu stoßen. Bei der zur selben Zeit erfolgten Anlage der Via Panisperna[128] wurden in einem antiken Rundbau (Abb. 7)[129] die beiden ebenfalls exzellent erhaltenen Sitzstatuen des Poseidipp und des sogenannten Pseudo-Menander[130] gefunden, die gleichfalls in die Sammlung Peretti Montalto gelangten.[131] Offenbar hat dieser Teil des Esquilin die Barbarenstürme und das Mittelalter ziemlich unbeschadet überstanden.

121 Studniczka, ABr 1001 S. 10 Abb. 18 (= die sonst nie abgebildete rechte Profilseite nach Gipsabguß).

122 Diesen Eindruck hatte schon Thomas Jenkins angesichts der Ähnlichkeit der drei Tondobildnisse Taf. 9, 6. 8; 10, 1, wie man dem o. Anm. 74 erwähnten Brief an Charles Townley vom 27. Sept. 1786 entnehmen kann.

123 Neapel, Mus. Naz. Inv. 6025: A. De Franciscis, Il ritratto romano a Pompei (Neapel 1951) 45–47 Nr. 5 Abb. 38–39; P. Schollmeyer, in: P. C. Bol (Hrsg.), Die Geschichte der antiken Bildhauerkunst IV (Mainz 2010) 23 Abb. 24 a–d; V. Sampaolo – A. Hoffmann (Hrsg.), Pompeji. Götter, Mythen, Menschen, Kat. Ausst. Hamburg 2015 (München 2015) 152 Nr. 50 mit Abb. und der übrigen Lit.

124 Vgl. o. Anm. 92.

125 Vgl. D. Brown, The *Apollo Belvedere* and the Garden of Giuliano della Rovere at SS. Apostoli, JWCI 49, 1986, 235–238; so – leider – zuletzt auch noch K. Fittschen – J. Bergemann (Hrsg.), Katalog der Skulpturen der Sammlung Wallmoden (München 2015) 147 Anm. 10 zu Nr. 73 (K. Fittschen).

126 Das ergibt sich aus Briefen des Nofri Tornabuoni an Lorenzo il Magnifico vom 28. Februar 1489: L. Fusco – G. Corti, Lorenzo de'Medici, Collector and Antiquarian (Cambridge 2006) 52–56. 232 f. Anm. 79–94; 309 Doc. 112 (mit reichen, weiteren Belegen); K. W. Christian, Empire Without End. Antiquities Collections in Renaissance Rome, c. 1350–1527 (New Haven 2010) 268–271.

127 Zur Lage dieser Vigna vgl. R. Lanciani, Forma Urbis Romae (Rom 1893–1901, Nachdruck Rom 1990) Taf. 17 (an der heutigen Via delle Quattro Fontane).

128 Das ist die Straße, die von der Kirche S. Maria Maggiore nach Westen abzweigt.

129 Zur Lage dieses Rundtempels in der Nähe der Kirche S. Lorenzo in Panisperna vgl. Lanciani a. O. Taf. 23 (hier Taf. 12, 4).

130 Rom, Vatikan, Gall. delle Statue, Inv. 735 und 588: Zu beiden Statuen vgl. K. Fittschen, Zur Rekonstruktion griechischer Dichterstatuen. 2. Teil: Die Statuen des Poseidippos und des Ps.-Menander, AM 107, 1992, 229–271 Taf. 61 und 77 mit der älteren Lit.

131 Auch das wußte man schon länger und wird durch zwei Zeichnungen im Album Montalto nun zusätzlich bestätigt: Rausa, Album 101 f. Abb. 4–5; Seidel, Codex 126 f. fol. 88 (Poseidipp) und fol. 90 (Ps.-Menander). Nach dem Inventar der Sammlung Peretti Montalto standen die beiden Statuen vor dem Eingang des Casino Fede, vgl. Barberini, Villa 43 (Poseidipp) und 44 (Ps.-Menander), der letztere wegen der noch fehlenden linken Hand und des noch fehlenden rechten Fußes sicher zu identifizieren (auf der Zeichnung fol. 80 sind beide Teile dargestellt, die Zeichnung ist demnach also später als das Inventar entstanden). Die beiden Figuren werden im Inventar

Es ist also nicht ausgeschlossen, daß auch die sieben Skulpturen in dieser Gegend gefunden worden sind. Da Sixtus V. aber auch Skulpturen von anderen Fundorten (z. B. von der Via Appia[132] oder aus dem Heiligtum der Arvalbrüder am Tiber[133]) in seiner Sammlung vereinigt hat, ist natürlich auch eine andere Herkunft möglich.

Auch wenn man den Fundort der sieben Skulpturen also nicht genau festlegen kann, so scheint mir doch sicher, daß sie zu einer Familie gehörten, die damit ihr Stadthaus, ihre Villa oder ihren Grabbau geschmückt hat. Natürlich wäre es ein großer Gewinn, wenn man diese Familie identifizieren könnte. Wegen der Bildnisse des Marcellus (Taf. 18, 1–2; 21, 4; 22, 3–4) könnte man z. B. an die Familie der Claudii Marcelli[134] denken, die mit Augustus verschwägert war. Doch sind die für einen solchen Versuch zur Verfügung stehenden Argumente leider recht schwach. Hinzukommt, daß wir nicht sicher sein können, ob die in den Bildnissen dargestellten Personen alle einer Generation angehörten (also Brüder oder Vettern waren); auch wenn sie alle in derselben Zeit entworfen und ausgeführt sind, könnten sie doch Vertreter verschiedener Generationen wiedergeben[135].

Für das Berliner Tondobildnis (Taf. 15, 3; 17, 3; 21, 3) dürfte sich aber doch klar ergeben haben: Es stellt nicht Augustus selbst dar, sondern einen Zeitgenossen[136], das Mitglied einer der großen Familien aus frühaugusteischer Zeit.

als „consule" bezeichnet, ihr Lehnstuhl als „sedia curule". Die Inschrift des Poseidippos wird nicht erwähnt.

132 Von dort stammen die beiden Karyatiden London – Vatikan: Seidel, Codex 148–150 fol. 127 (London); 151 fol. 130 (Vatikan). Der genaue Fundort ist umstritten, vgl. R. Neudecker, Die Skulpturenausstattung römischer Villen in Italien (Mainz 1988) 185 Anm. 13.

133 Von dort stammen die beiden Bildnisse des Antoninus Pius und Lucius Verus mit den Attributen der Arvalbrüder in Paris, vgl. Rausa, Album 114 Abb. 15–18; Seidel, Codex 113 f. fol. 57–58 und Abb. 77–78. Zur Lage des Heiligtums dieser Bruderschaft vgl. LTUR Suburbium II (Rom 2004) 189–191 Abb. 185–188 s. v. Deae Diae lucus (J. Scheid).

134 Zu den Claudii Marcelli vgl. RE III 2 (1899) 2731–2764 Nr. 214 ff. mit Stammbaum (Münzer/Gaheis).

135 Bisher sind keine Bildnisgalerien in Häusern der Führungsschicht gefunden worden, vgl. H. Mielsch, Häuser von Senatoren in Rom (Paderborn 2016) 24–27.

136 Die nicht zu bestreitende Ähnlichkeit mit Bildnissen des Augustus läßt sich durch das Phänomen der „Bildnisangleichung" leicht erklären. Porträts von unbekannten Bürgern (z. B. von Parteigängern oder Bewunderern), die die Bildnisse des Octavian-Augustus in Bezug auf die Frisurmuster und / oder die Physiognomie nachahmen, sind auch sonst zahlreich belegt; ich führe hier nur folgende Beispiele an:

a) Mailand, Museo Civico Archeologico, Inv. A 1410: E. Camporini, Mediolanum-Comum (CSIR Italien, Regio XI, Mailand 1979) 85–87 Nr. 74 Taf. 50;

b) Paris, Louvre, MA 3547: Kersauson a. O. (s. Anm. 119) 48 f. Nr. 19 mit Abb. (mit weiterer Lit.);

c) Ancona, Museo Archeologico Nazionale delle Marche: R. Wünsche, MüJb 31, 1980, 14 Anm. 8 Abb. 6; D-DAI-ROM 8255;

d) Bloomington, Indiana University Art Museum, Inv. 75.33.4: J.-Ch. Balty, Notes d'iconographie julio-claudienne IV, AntK 20, 1977, 113 Nr. 1 Taf. 25, 3; 26, 3; Replik zu e?;

e) Ensérune, Musée: E. Rosso, Le portrait tardo-républicain en Gaule Méridionale: Essai de bilan critique, RA 50, 2010/2, 287 f. Abb. 10–11; Replik von d?;

f) Baia, Castello Aragonese, Inv. 292850: C. Valeri, Marmora Phlegraea (Rom 2005) 130–140 Abb. 130–134;

g) Tarent, Museo Nazionale Archeologico, Inv. 3934: R. Belli Pasqua, Catalogo del Museo Nazionale Archeologico di Taranto IV 1. La scultura in marmo e pietra (Tarent 1995) 128 Nr. V 8 mit Abb.

Auch diese Bildnisse sind in der Forschung bereits mit mindestens einem Angehörigen der Familie des Augustus identifiziert worden. Vereinfacht läßt sich die Regel aufstellen, daß alle Bildnisse, die schon einmal auf Augustus bezogen worden sind, sich aber keinem seiner Bildnistypen mit Sicherheit zuweisen lassen, als angeglichene Privatporträts gelten können, vgl. die Zusammenstellung bei Boschung, Bildnisse 202*–204*; der spektakulärste Fall ist sicher der Kopf auf der nackten Statue im Louvre, MA 1251: P. Zanker, Studien zu den Augustus-Porträts I. Der Actium-Typus (AbhGöttingen 85, 1973) 24 f. Nr. 14 Taf. 19–20; Kersauson a. O. I 78 f. Nr. 33 mit Abb.; Boschung a. O. 202 Nr. 270*; S. Kansteiner, in: Der Neue Overbeck V (2014) 476 f. Nr. 4087 mit Abb. – Zum Phänomen der Bildnisangleichung, das in der neueren Forschung gern mit dem beliebten, aber unscharfen Begriff „Zeitgesicht" umschrieben wird, vgl. K. Fittschen, Methodological Approaches to the Dating and Identification of Roman Portraits, in: B. Borg (Hrsg.), A Companion to Roman Art (Malden 2015) 65; ders., Il fenomeno della assimilazione delle imagini nella ritrattistica in età imperiale, in: E. La Rocca – Cl. Parisi Presicce – A. Lo Monaco (Hrsg.), Ritratti.Le tante facce del potere, Kat. Ausst. Rom 2011, 247–252 Abb. 1–12; 255 f. mit weiteren Belegen.

Verzeichnis der abgekürzt zitierten Literatur

Amelung, Vat. Kat.

W. Amelung, Die Sculpturen des Vaticanischen Museums I (Berlin 1903); II (Berlin 1908)

Barberini, Villa

M. G. Barberini, Villa Peretti Montalto-Negroni-Massimo alle Terme Diocleziane: la collezione di sculture, in: E. Debenedetti (Hrsg.), Collezionismo e ideologia (Rom 1991) 15–55

Bergmann, Gnomon 53

M. Bergmann, Rezension zu V. Poulsen – Gh. Merad, Les portraits romains II: De Vespasien à la Basse-Antiquité, Gnomon 53/2, 1981, 176–190

Bergmann, Reliefbildnis

M. Bergmann, Reliefbildnis, in: Bol, Villa Albani I 197–201

Bernoulli, Röm. Ikon.

J. J. Bernoulli, Römische Ikonographie II 1–3 (Berlin und Stuttgart 1886–1894)

Bol, Villa Albani

P. C. Bol (Hrsg.), Forschungen zur Villa Albani. Katalog der antiken Bildwerke I (Berlin 1989); II (Berlin 1990)

Boschung, Bildnisse

D. Boschung, Die Bildnisse des Augustus, Herrscherbild I 2 (Berlin 1993)

Evers, Divine Youth

C. Evers, Images of a Divine Youth. The Brussels Antinous and its Workshop, in: Th. Opper (Hrsg.), Hadrian: Art, Politics and Economy, British Museum Research Publication 175 (2013) 89–99

Fittschen, Bildnis Thermen-Museum

K. Fittschen, Zum angeblichen Bildnis des Lucius Verus im Thermen-Museum, JdI 86, 1971, 214–252

Fittschen – Zanker, Katalog

K. Fittschen – P. Zanker, Katalog der römischen Porträts in den Capitolinischen Museen und den anderen kommunalen Sammlungen der Stadt Rom I [2](Mainz 1994); IV (Berlin 2014)

Goette, Portraits

H. R. Goette, Zwei frühseverische Portraits in Bonn, BJb 184, 1984, 117–140

Grassinger, Köpfe

D. Grassinger Zersägte Köpfe. Die Transformation antiker Porträts zu monumentalen Gemmenbildern im 18. Jahrhundert, Opuscula 2, 2009, 181–191

Meyer, Antinoos

H. Meyer, Antinoos. Die archäologischen Denkmäler unter Einbeziehung des numismatischen und epigraphischen Materials sowie der literarischen Nachrichten. Ein Beitrag zur Kunst- und Kulturgeschichte der hadrianisch-frühantoninischen Zeit (München 1991)

Rausa, Album

F. Rausa, L'album Montalto e la collezione di sculture antiche di Villa Peretti Montalto, Pegasus 7, 2005, 97–132

Richter, Portraits

G. M. A. Richter, Portraits of the Greeks I–II (London 1965)

Scholl, Farnborough Hall

A. Scholl, Die antiken Skulpturen in Farnborough Hall sowie in Althorp House, Blenheim Palace, Lyme Park und Penrice Castle, MAR 23 (Mainz 1995)

Scholl, Bildnisse

A. Scholl (Hrsg.), Griechische und römische Bildnisse. Katalog der Skulpturen in der Antikensammlung der Staatlichen Museen zu Berlin I (Berlin 2016)

Seidel, Codex

A. Seidel, Der Codex Montalto. Präsentation und Rezeption der Antikensammlung Peretti Montalto (Ruhpolding 2016)

Studniczka, ABr 1001

F. Studniczka, Text zu ABr Taf. 1001 (1920) S. 1–12 (mit zahlreichen Textabbildungen)

Abbildungs- und Tafelnachweise

Abb.	1	nach Scholl, Farnborough Hill 34 Abb. 5
Abb.	2	nach D-DAI-ROM 61.1810
Abb.	3	nach D-DAI-ROM 60.439
Abb.	4–5	nach Aufnahmen des Metropolitan Museum, New York
Abb.	6	https://upload.wikimedia.org/wikipedia/commons/8/83/Gottfredus_de_Scaichi_Giardino_del_cardinale_Montalto_ubs_G_0806_III.jpg
Abb.	7	nach R. Lanciani (Anm. 127) Taf. 17 + 23
Tafel	1, 1–2	nach Aufnahmen des Forschungsarchivs für römische Plastik, Köln, Neg. FA 2042-04/05; 2043-01/02
	1, 3	nach Grassinger, Köpfe Abb. 1
	1, 4	wie Taf. 1, 1–2
Tafel	2, 1	nach D-DAI-ROM 3294
	2, 2	nach Amelung, Vat. Kat. II Taf. 52
	2, 3	wie Taf. 1, 1–2. 4
	2, 4	nach Aufnahme von G. Fittschen-Badura
Tafel	3, 1	nach D-DAI-MADRID R 20-91-5 (P. Witte)
	3, 2	nach A. Pangerl (Anm. 33) Abb. 212
	3, 3	nach Aufnahme des British Museum, London
	3, 4	nach Meyer, Antinoos Taf. 16
Tafel	4, 1	nach C. Gasparri (Anm. 27) Abb. 107
	4, 2	nach Bol, Villa Albani I Taf. 111
	4, 3	nach R. Venuti 1736 (Anm. 39) Taf. 9
	4, 4	nach Meyer, Antinoos Taf. 65
Tafel	5, 1–2	nach Aufnahmen des Kunsthistorischen Museums, Wien
	5, 3–4	nach Aufnahmen der Antikensammlung, Staatliche Museen zu Berlin – Preussischer Kulturbesitz (Johannes Laurentius)
Tafel	6, 1	wie Taf. 5, 1–2
	6, 2	nach Photomontage von S. Eckardt
	6, 3	wie Taf. 5, 3–4
	6, 4	nach Photomontage von S. Eckardt
Tafel	7, 1–2	nach Aufnahmen der Nefer Gallery
	7, 3–4	nach Aufnahmen des British Museum, London
	7, 5	nach Aufnahme von C. Evers
Tafel	8, 1–2	nach Aufnahmen des Archäologischen Instituts Tübingen
	8, 3	nach Photomontage von S. Nakaten
	8, 4	nach D-DAI-ROM 66.1947
Tafel	9, 1–2	nach Aufnahmen des Museums der Schönen Künste, Budapest
	9, 3	nach Aufnahme von G. Fittschen-Badura
	9, 4	nach M. Comstock – C. Vermeule (Anm. 58) 236 Nr. 370 (Abb.)
Tafel	10, 1	wie Taf. 9, 1–2
	10, 2	nach Photomontage von S. Eckardt
	10, 3	nach Aufnahme von H. R. Goette
	10, 4	nach Photomontage von S. Nakaten
Tafel	11, 1	nach Aufnahme von H. R. Goette
Tafel	11, 2	nach Aufnahmen der Antikensammlung, Staatliche Museen zu Berlin – Preussischer Kulturbesitz (Johannes Laurentius)
	11, 3	nach V. Poulsen (Anm. 59) Taf. 71
	11,4	nach Aufnahme von T. Schäfer
Tafel	12, 1. 3	wie Taf. 11, 2
	12, 2. 4	nach Aufnahmen des Forschungsarchivs für römische Plastik, Köln, Neg. FA 3671-01/02
Tafel	13, 1–2	nach Aufnahmen von C. Evers
	13, 3	nach Aufnahme von D. Roger
	13, 4–5	nach Aufnahmen von C. Evers
Tafel	14, 1–2	nach Aufnahme von G. Fittschen-Badura
	14, 3	nach Aufnahme von D. Roger
	14, 4–5	nach D-DAI-ATHEN Kerameikos 5050
Tafel	15, 1–3	nach Aufnahmen von G. Fittschen-Badura
	15, 4	nach D-DAI-ROM 72.157
Tafel	16, 1–2	nach Aufnahmen von U. Zehm
	16, 3–4	nach Photomontagen von S. Eckardt
Tafel	17, 1. 3	nach Aufnahmen von G. Fittschen-Badura
	17, 2. 4	nach Aufnahmen von U. Zehm
Tafel	18, 1–2	nach Aufnahmen von G. Fittschen-Badura
	18, 3–4	nach D-DAI-MADRID A 910 und A 908
Tafel	19, 1–4	nach Aufnahmen von U. Zehm
Tafel	20, 1–4	nach Aufnahmen von S. Schröder
Tafel	21, 1	nach Aufnahme von G. Fittschen-Badura
	21, 2	nach Aufnahme von S. Schröder
	21, 3–4	nach Aufnahmen von G. Fittschen-Badura
Tafel	22, 1	nach Aufnahme von S. Schröder
	22, 2	nach K. de Kersauson (Anm. 119) 46 Nr. 18 (Abb.)
	22, 3–4	nach Aufnahmen von G. Fittschen-Badura

Trierer Winckelmannsprogramme

Begründet von Günter Grimm
Fortgeführt von Torsten Mattern und Markus Trunk

22: Detlev Kreikenbom

Lepcis Magna unter den ersten Kaisern

2011. 44 Seiten, davon 12 Tafeln, 8 Abb., br
210x297
ISBN 978-3-447-06558-0 *€ 19,80 (D)*

Die Trierer Winckelmannsprogramme enthalten die schriftlichen Fassungen der Festvorträge, mit denen das Fach Klassische Archäologie an der Universität Trier Johann Joachim Winckelmann, den Begründer der Klassischen Archäologie als wissenschaftliche Disziplin, alljährlich zu ehren pflegt. Mit Band 22, dem Vortrag Detlev Kreikenboms zur „Romanisation" 2009, wird diese Tradition nach einigen Jahren Pause wieder aufgenommen.

Untersuchungsgegenstand ist die nordafrikanische Stadt Lepcis Magna, der seit der frühen Kaiserzeit durch zahlreiche Bauten ein neues Gesicht verliehen wurde. Die auftraggebende lokale Elite adaptierte zu diesem Zweck signifikante Elemente römisch-kultureller Repräsentation. Diverse Medien wurden strategisch eingesetzt, um die Innovationen durch ein hohes Maß an Sichtbarkeit in der lokalen Wahrnehmung zu verankern. Welche waren aber die Intentionen der Akteure? Welche Referenzen und Bedeutungsübertragungen haben dabei eine Rolle gespielt? Welche Symbole wurden ausgewählt? Die hier in der kulturellen Selbstbeschreibung entstehende Spannung zwischen neuen und herkömmlichen Identitätsmustern ist ein entscheidendes historisches Phänomen, das sowohl in chronologischer Hinsicht als auch im ideellen Sinn seinen Bezugsrahmen bei den ersten römischen Kaisern findet.

23: Andreas Vött

Neue geoarchäologische Untersuchungen zur Verschüttung Olympias

Eine Einführung in die Olympia-Tsunami-Hypothese

2013. VIII, 52 Seiten, 18 Abb., 1 Diagramm, 12 Karten, br
210x297 mm
ISBN 978-3-447-06957-1 *€ 19,80 (D)*

Olympia liegt rund 19 km vom Ionischen Meer entfernt am Zusammenfluss von Kladeos und Alpheios hinter der schmalen Hügelkette bei Flokas-Platanos. Das bislang ungeklärte Rätsel der Verschüttung Olympias hängt somit untrennbar mit der Fluss- und Landschaftsgeschichte des Kladeos- und Alpheios-Tals zusammen.

Andreas Vött stellt bisherige Ansätze zur Erklärung der sedimentären Überdeckung Olympias vor und diskutiert diese im Licht der neuen Befunde, die sich im Rahmen eines Projekts des Deutschen Archäologischen Instituts und der örtlichen Antikenbehörde zur Erforschung Olympias und seines Umfelds ergeben haben. Die Auswertung von Bohrungen und geophysikalischen Messungen belegt, dass das Umfeld Olympias wiederholt von hochenergetischen Überschwemmungsereignissen betroffen war, für die jedoch anthropogene Bodenerosion, Starkregenereignisse, Hangrutschungen oder regionalspezifische Abflussspitzen des Alpheios nicht als Auslöser infrage kommen. Vielmehr wird anhand eines stratigrafischen Transektes von der Küste bis Olympia dokumentiert, dass das untere Alpheios-Tal innerhalb der vergangenen 6.000 Jahre mehrfach von Tsunamis geflutet wurde. Vötts daraus resultierende Olympia-Tsunami-Hypothese geht davon aus, dass es hierbei zur Überströmung der Hügelkette von Flokas-Platanos kam. Die Wassermassen nahmen ihren Weg zurück zum Meer dann unmittelbar über das Heiligtum hinweg, wofür auch geoarchäologische Befunde sprechen, die murartige Schlammströme bezeugen, welche die Altis erfasst hatten.

24: Ulrike Wulf-Reidt

„Den Sternen und dem Himmel würdig"

Kaiserliche Palastbauten in Rom und Trier

2014. VIII, 44 Seiten, 10 Abb., 2 Karten, 8 Tafelseiten, br
210x297 mm
ISBN 978-3-447-10235-3 *€ 19,80 (D)*

Während der Zeit der sogenannten Tetrarchie am Ende des 3. bis Anfang des 4. Jahrhunderts n.Chr. entstanden in zahlreichen Residenzstädten neue Paläste oder wurden Amtssitze ausgebaut. Dies gilt auch für die Stadt Trier (*Augusta Treverorum*), die wahrscheinlich unter Hadrian im 2. Jahrhundert n.Chr. zum Quartier des Provinzverwalters der *Gallia Belgica* wurde. In der Zeit zwischen 286 und 293 n.Chr. war Trier offenkundig der wichtigste Sitz Kaiser Maximians, was zu einem groß angelegten Ausbau seiner Kaiserresidenz führte.

Ulrike Wulf-Rheidt zeigt anhand einer Zusammenstellung aller bekannten Details zum spätantiken Kaiserpalast in Trier, dass er viele Gemeinsamkeiten mit dem Palast der römischen Kaiser auf dem Palatin in Rom aufweist. Dazu gehört neben der Nähe zum Circus und der großen „Palastaula" auch der Neubau von Palastthermen. Eine Neubetrachtung der Trierer Kaiserresidenz im Spiegel der Bauten auf dem Palatin sowie vergleichbarer spätantiker Palastanlagen macht deutlich, dass der Palast in Rom nicht nur das Vorbild für die Kaiserresidenz war, sondern offensichtlich sogar übertroffen werden sollte. Mit der Trierer Kaiserresidenz wurde so einer der größten und ambitioniertesten Ausbauten einer römischen Kaiserresidenz angestrebt, der aus der Spätantike bekannt ist.

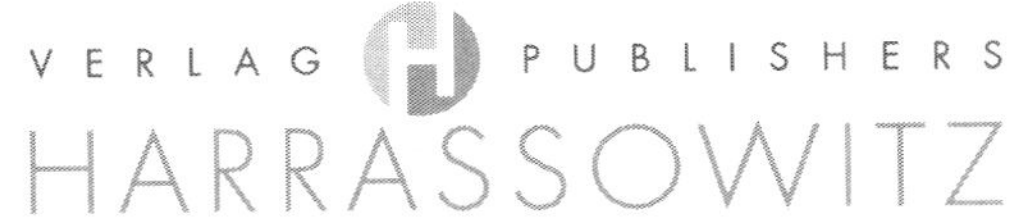

Trierer Winckelmannsprogramme

Begründet von Günter Grimm
Fortgeführt von Torsten Mattern und Markus Trunk

25: Wolf-Dietrich Niemeier

Das Orakelheiligtum des Apollon von Abai/Kalapodi

Eines der bedeutendsten griechischen Heiligtümer nach den Ergebnissen der neuen Ausgrabungen

2016. VII, 60 Seiten, 4 s/w-Abb., 8 s/w- und 4 Farbtafeln, br 210x297 mm
ISBN 978-3-447-10708-2 *€ 29,– (D)*

Nach den antiken Quellen war das Orakelheiligtum des Apollon von Abai bei dem heutigen Dorf Kalapodi in Mittel-Griechenland eines der bedeutendsten Heiligtümer des Landes. Seine späte Entdeckung ist ein Glücksfall für die archäologische Forschung: Während die großen Heiligtümer wie z.B. Olympia und Delphi im 19. und Anfang des 20. Jahrhunderts mit Hundertschaften von Arbeitern und ohne genaue Beobachtungen der Schichten und Fundkontexte in großem Umfang freigelegt wurden, konnte das Orakelheiligtum des Apollon von Abai als einziges griechisches Heiligtum dieses Ranges mit modernen Grabungsmethoden untersucht werden. In der internationalen Fachwelt wird die Grabung von Kalapodi/Abai daher als eine der wichtigsten der letzten Jahrzehnte in Griechenland beurteilt.
Die Grabung durch Wolf-Dietrich Niemeier brachte dabei die einzigartige Abfolge von zehn aufeinanderfolgenden Südtempeln zutage. Sie umfasst eine Zeitspanne von ca. 1400 v.Chr. bis zur ersten Hälfte des 2. Jahrhunderts n.Chr., d.h. von der mykenischen Periode bis zur Römischen Kaiserzeit. Dadurch ließen sich neue Erkenntnisse über die Ursprünge griechischer Tempel gewinnen sowie Antworten auf die in der Forschung umstrittene Frage finden, ob es eine Kontinuität in Religion und Kult zwischen dem 2. und 1. Jahrtausend v.Chr. gegeben hat. Die reichen, in den Tempeln gemachten Funde lieferten darüber hinaus wichtige neue Indizien über Ritual und Kult, u.a. für die rituelle Bestattung von Kultbauten.

26: Walter Trillmich

Augustus und seine Gründung *Emerita* in Hispanien

2016. VIII, 72 Seiten, 16 Abb., 10 Tafeln, br 210x297 mm
ISBN 978-3-447-10709-9 *€ 30,– (D)*

Augustus nahm für sich in Anspruch, die endgültige Befriedung des gesamten Erdkreises errungen zu haben. Im Osten stand dafür die Schlacht von Actium (31 v.Chr.), woraufhin die Nikopolis in Epirus gegründet wurde, im Westen der Triumph (25 v.Chr.) über die letzten aufständischen Barbaren in Hispanien, gefolgt von der Gründung der Colonia Augusta Emerita. Während aber die Gründung von „Nikopolis“ einen glorreichen Sieg verherrlichte, sollte die Gründung von „Emerita“ den endgültig hergestellten Frieden auf der ganzen Welt feiern: „Colonia emerita“ verkündet „die (durch militärische Tüchtigkeit) wohlverdiente Heimstatt (der nunmehr pensionierten Soldaten)“.
Die im fernen Westen des Imperium Romanum aus dem Boden gestampfte Stadt „Emerita“ (heute Mérida), wenig später zur Hauptstadt der Provinz Lusitania erhoben, wurde in kürzester Zeit zu einer hochmodernen Großstadt ausgebaut. Symbol des römischen Griffs nach dem äußersten Westen der bewohnten Erde ist die mehr als 750 Meter lange, gewaltige Brücke, die aus der Stadt über den Fluss Ana (heute Guadiana) in Richtung des Oceanus führt. Bedeutende Reste sind erhalten von Stadtmauern und Toren, Straßennetz und Kanalisation, mehreren monumentalen Frischwasserleitungen sowie öffentlichen Plätzen mit ihren Tempeln. Ebenfalls wohlerhalten sind der kürzlich restaurierte, außerhalb der Stadt gelegene Circus, das von Augustus selbst gestiftete Amphitheater und das von Agrippa finanzierte Theater, aus dem zahlreiche Skulpturen geborgen werden konnten, die heute in dem von Rafael Moneo gebauten „Nationalmuseum für römische Kunst“ ausgestellt sind. Diese reichen Funde und wohlerhaltenen monumentalen Reste der Colonia Augusta Emerita haben Mérida zu Recht den Ehrentitel „das spanische Rom“ eingetragen.

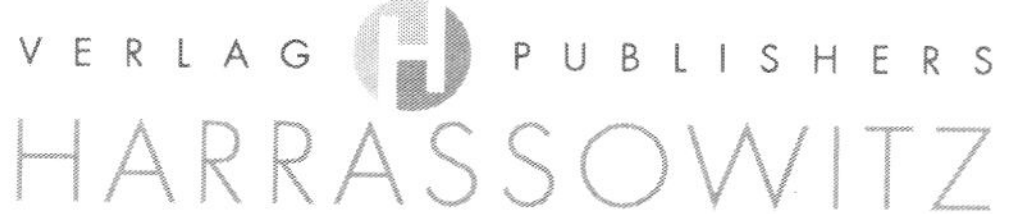